Techniques de communication interpersonnelle

Groupe Eyrolles
61, bd Saint-Germain
75240 Paris Cedex 05

www.editions-eyrolles.com

Cet ouvrage a fait l'objet d'un reconditionnement à l'occasion de son septième tirage (nouvelle couverture et nouvelle maquette intérieure). Le texte reste inchangé par rapport au tirage précédent.

Michel Josien

Techniques de communication interpersonnelle

Analyse transactionnelle, École de Palo Alto, PNL

EYROLLES

SOMMAIRE

Chapitre 1

UTILISER L'ANALYSE TRANSACTIONNELLE

L'analyse transactionnelle a été inventée par Eric Berne (1910-1970), médecin-psychiatre américain vers la fin des années 1950. Elle s'est développée depuis et s'utilise avec succès aussi bien en thérapie, en travail personnel que dans l'entreprise.

- C'est une théorie, elle a donc le défaut originel des théories : elle propose des grilles d'interprétation. Or, nous sommes plus riches que les grilles derrière lesquelles on essaie de nous enfermer.

  Cependant, quelque réducteurs qu'ils soient, il nous faut des mots et des concepts pour comprendre ce que nous sommes. Il ne s'agit donc pas de faire de l'analyse transactionnelle un objet de contemplation mais un outil de travail.

- L'analyse transactionnelle est un ensemble d'outils, il y a même des marteaux. Certains voudront s'en servir pour frapper sur les doigts des autres, d'autres trouveront quelque plaisir à frapper sur leurs propres doigts ; il n'est pas impossible d'imaginer que l'on puisse aussi s'en servir pour enfoncer des clous.

- Quelques raisons de tâter à l'analyse transactionnelle :

  1. Elle fournit une série de concepts simples mais pas simplistes, efficaces pour analyser les dysfonctionnements dans les relations, ce qui est utile lorsque l'on est cadre formateur, lorsque l'on donne ou que l'on reçoit un enseignement en techniques d'expression et de communication, et que l'on veut conceptualiser ce que l'on a appris.

  2. Une deuxième raison est que l'on n'est pas obligé de vivre l'analyse transactionnelle comme anxiogène, elle permet d'établir le bilan de nos ressources, de n'être pas un loser mais un gagnant.

Quels sont les états du moi ?

Les personnes que nous rencontrons pour une partie de tennis, dans un repas de famille, pour signer un contrat professionnel peuvent se faire des images de nous très dissemblables : selon les circonstances où nous nous trouvons et les actes que nous accomplissons, nous ne sommes pas dans le même état d'esprit et nos comportements diffèrent. Nos interlocuteurs ont-ils bien rencontré le même individu ?

Nous n'écoutons pas les mêmes voix lorsque nous nous efforçons de consoler une amie, lorsque nous refusons un ordre ; notre état interne n'est pas le même lorsque nous recevons un cadeau ou lorsque nous recevons un blâme.

Certaines attitudes nous sont plus coutumières que d'autres : on peut avoir une prédilection pour les comportements d'enfant maladroit et coupable qui craint la réprimande ou pour les allures conquérantes, dominatrices et désinvoltes : notre passé nous a habitués à nous brancher de préférence sur tel type de rôle ou d'attitude – protecteur, autoritaire, soumis, rebelle, impliqué, distancié... C'est ce qu'Eric Berne s'est efforcé de formaliser en parlant de trois états du moi.

Selon la grille élaborée par Eric Berne vers 1950, la personnalité humaine est structurée autour de trois grandes composantes qu'il définit comme des « ensembles spécifiques de composantes observables liés à des ensembles spécifiques internes de sentiments, de pensées et d'opinions ». Ces trois composantes forment un ensemble appelé PAE.

Chacun d'entre nous a un PAE dont les caractéristiques importantes sont acquises dès l'âge de 6 ans et qui peut se modifier, volontairement ou pas, par traumatisme ou par apprentissage.

Ce qui nous différencie, c'est la fréquence d'utilisation de chacun de ces états, l'intensité de l'énergie que nous y investissons.

Schéma structurel

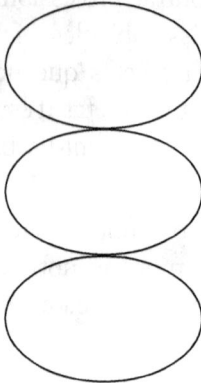

P   Le **Parent** c'est l'acquis,
la vie telle qu'on me l'a enseignée.

A   L'**Adulte** c'est le pensé,
la vie telle que je l'ai expérimentée.

E   L'**Enfant** c'est le senti,
la vie telle qu'elle se joue du côté des émotions.

Le Parent

Ce terme n'est pas à prendre exclusivement dans son sens biologique. Il s'agit de l'enregistrement des comportements des gens qui nous ont tenu lieu de parents, qui nous ont marqués, de la société dans laquelle on vit et de ses systèmes de valeur, des histoires que l'on nous a lues et des héros que l'on y a cotoyés.

Le parent peut fonctionner selon deux modalités dans le cadre de nos rapports avec les autres.

Le Parent Normatif

Il définit les normes de comportement, le droit, la morale, les principes, les valeurs. Il conduit à diriger, à évaluer, à sanctionner, à permettre ou à interdire.

Le leader d'un groupe est souvent dans cette position. Quand on branche le Parent Normatif, on emploie des mots caractéristiques («il faut..., on doit..., toujours, jamais»), un ton de voix reconnaissable : péremptoire, indigné, en colère, autoritaire, tranchant, méprisant, ferme ; les gestes de prédilection sont l'index pointé, le sourcil froncé, le doigt le long de la joue.

Le cadre répond à la secrétaire qui se plaint de sa machine : « Ce n'est pas la machine qui ne fonctionne pas, c'est vous ! » – ou plus durement : « Vous souhaitez nous quitter quand ? » On voit là le danger du comportement normatif. Il peut être dévalorisant, persécuteur, il inhibe la créativité : celle de celui qui le branche et celle de son interlocuteur. Mais le Parent Normatif a par ailleurs autant d'avantages que d'inconvénients : en cas de pagaille, il saura redonner le moral au groupe en lui fournissant un objectif ferme et accessible, il propose un itinéraire, un projet et des garde-fous rassurants aux égarés et aux hésitants.

Le Parent Nourricier

Il aide, soutient, se montre sensible et attentif à l'autre ; il encourage, réconforte, rassure.

Les personnels enseignants, médicaux ou paramédicaux ont souvent, pas toujours, une tendance très marquée de ce côté.

On le reconnaîtra à ses propos rassurants : « Ce n'est pas grave, laisse-moi t'aider, je vais le faire à ta place », à ses encouragements, à un ton de voix doux, caressant, chaleureux, soucieux de l'autre, à des attitudes enveloppantes, à des regards mouillés de tendresse compatissante.

La mère qui voit son fils dernier-né s'appliquer méticuleusement à nouer seul ses lacets et qui se précipite aussitôt en disant : « Laisse, c'est difficile, il vaut mieux que je le fasse moi-même, s'ils se dénouent tu pourrais tomber » manifeste un comportement nourricier dont on voit l'objectif et le risque.

Si ce comportement est systématique, elle empêche l'enfant de devenir autonome. La mère pourra continuer longtemps à être mère, ce qui lui fournira des excuses si elle craint de s'épanouir comme femme à part entière.

Le Parent Nourricier peut être étouffant à force de générosité impitoyable mais, par définition, il possède autant d'avantages. Il protège et il console. Le Parent Nourricier Positif dira : « Je vais t'apprendre à pêcher » ; le Parent Nourricier Négatif dira : « N'apprends pas à pêcher, je t'apporterai tous les jours du poisson. »

L'Adulte

L'Adulte est le siège de la pensée verbale, du raisonnement, de la connaissance, il est concerné par la saisie et le traitement des informations ; c'est l'ordinateur, la dimension rationnelle et logique de l'individu ; il analyse et il contrôle ; il gère le fonctionnel et le relationnel, s'attache à la résolution des problèmes et à la régulation des échanges.

Il est un habitué des reformulations : « Si je vous comprends bien... » Il relativise : « Je pense que..., relativement, probablement ». Il pose des questions, abstrait et synthétise.

Physiquement, on le repère à des attitudes sans rigidité excessive, à de fréquents contacts oculaires avec ses interlocuteurs.

Le chef du personnel qui, après consultation des chiffres adéquats, annonce non pas, « Il va falloir licencier » ou « C'est triste de se séparer de... » mais « Il semble nécessaire de procéder à un dégraissage des effectifs » a probablement voulu brancher l'Adulte dont on peut constater qu'il a, lui aussi, ses aspects négatifs – il est froid, il fonctionne comme une machine, il n'a pas de système de valeurs.

Il tient ses informations du monde extérieur, du Parent, de l'Enfant ; s'il est mal informé, il va se tromper : il arrive que l'Adulte erre. De plus, à vouloir être parfaitement adulte, on s'acharne à l'impossible, ce qui n'est guère rationnel ou « adulte ».

Autant d'avantages que d'inconvénients : il organise, il précise et surtout c'est un précieux agent de changement de la personnalité.

L'Enfant

C'est ce qu'il y a de plus vieux en nous. Y sont enregistrées nos réactions, nos émotions spontanées ou apprises aux événements et aux personnes rencontrées dans l'enfance, et qui constituent des modèles primitifs, des décisions de survie. L'Enfant est la réserve d'énergie de l'individu.

On peut distinguer l'Enfant Spontané, l'Enfant Adapté Soumis et l'Enfant Adapté Rebelle.

L'Enfant Spontané

Appelé aussi *libre* ou *naturel*, il manifeste sans retenue ses pulsions et ses émotions : joie, peur, colère, tristesse. Il réagit spontanément et affectivement. Son langage est volontiers exclamatif. Il s'écrie : « Je veux », il clame son impatience. Il est reconnaissable à ses pleurs et à ses rires, il bondit, applaudit, bâille et s'étire, son regard est vif et sa voix énergique et sans inhibitions.

La jeune fille qui entend un jeune garçon lui témoigner son affection timide et solliciter de sa bienveillance un baiser suave et fougueux, va peut-être éclater de rire et lui dire : « Si tu voyais la tête que tu fais ! » Elle a peut-être branché l'Enfant Spontané dont on pressent le caractère éventuellement destructeur. Il peut être égocentrique, parfois velléitaire, souvent désordonné. Lui aussi a ses avantages : enthousiasme, tonus, créativité, source d'énergie.

L'Enfant Adapté Soumis

Il agit pour se conformer aux attentes des autres surtout quand il s'agit d'une figure d'autorité. Soucieux de bien faire, il s'efforce d'anticiper sur ce que l'on pourrait lui demander. Son attitude est hésitante. Il se culpabilise et se justifie : « J'ai fait de mon mieux » d'une petite voix plaintive, marmonnante, respectueuse. Timide et rougissant, il aura des relations marquées par le respect et la crainte, caractérisées par une relation d'infériorité.

L'enseignant qui commencerait son cours en disant : « Je ne sais trop comment commencer, je vais essayer de vous expliquer... » se place dans une position Enfant Adapté Soumis, peut-être pour éviter l'agressivité éventuelle de son auditoire, mais avec le risque de perdre sa crédibilité. Il est cependant bouc émissaire désigné, victime suradaptée.

Lui aussi a autant d'avantages que d'inconvénients : sa souplesse d'adaptation facilite sa socialisation, il est souple et adaptable.

L'Enfant Adapté Rebelle

L'Enfant Rebelle est adapté en ce sens que sa rébellion est une forme d'adaptation à un milieu où cette attitude était nécessaire pour qu'il obtînt des signes de reconnaissance.

Tout vaut mieux que l'indifférence. L'enfant qui s'ennuie fait des bêtises ; si l'on s'en occupe à cause de cela, il aura appris qu'il fallait prendre le contrepied des normes pour échapper à l'anonymat. Il boude, hausse les épaules, récrimine, il refuse toute influence, s'exprime à base de « Oui, mais... », « Vous n'avez pas le droit ».

L'opposant systématique qui cherche d'abord les objections à toute proposition cultive sa différence, risque de râler, de se marginaliser, de devenir violent physiquement, moralement ou verbalement. Il peut éventuellement se faire violence.

Ses avantages spécifiques sont qu'il a l'art de détecter ce qui ne marche pas : il ne subit pas passivement les influences, il est en voie d'autonomisation, ce qui permet de rompre les relations de dépendance mutilantes.

Pathologie des états du moi

• L'énergie circule avec une fluidité variable entre les états du moi.
• L'Enfant est occulté, jamais écouté.

Il peut arriver que l'un d'entre eux soit occulté, ce qui peut susciter l'apparition de pathologies diverses.
Un dysfonctionnement des états du moi auquel il est important de prêter attention est la **contamination**.

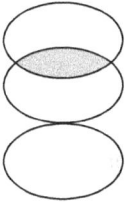

La contamination de l'Adulte par le Parent crée les préjugés et les généralisations.

Exemple : les jeunes de maintenant ne sont plus ce qu'ils étaient.

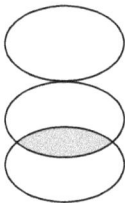

La contamination de l'Adulte par l'Enfant provoque les illusions et les superstitions.

Exemple : Si je n'y pense plus tout va s'arranger.

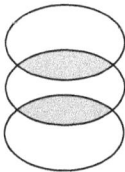

Les deux ensemble donnent des idées toutes faites sur fond d'utopie.

Exemple : Il faudra que le monde entier ne fasse plus qu'un seul pays.

Le «PAE» et la vie professionnelle

Les états du moi ont par définition autant d'avantages que d'inconvénients : tout dépend de la façon dont on les utilise et des circonstances auxquelles on est confronté.

Il n'existe pas de bon PAE, de bon profil dans l'absolu mais en fonction d'un objectif, d'une relation ou d'un profil de poste.

Un étudiant sorti premier d'une promotion d'électroniciens avait envoyé dans une entreprise un *curriculum vitæ* manuscrit. Il est convoqué pour un entretien, le recruteur lui demande s'il sait que ce genre de document doit être tapé à la machine.

« Bien sûr, répond-il, mais j'ai tenu à vous montrer d'emblée que je suis capable de prendre des risques et des responsabilités. Je n'aurai pas besoin d'un parapluie pendant trop longtemps… »

L'étudiant a fait preuve, pendant la suite de l'entretien, d'aisance, de maturité, de fermeté, il était à la fois ou tour à tour Adulte et Normatif.

Il n'a pas été retenu : après trois mois, il aurait voulu monter dans la hiérarchie, l'entreprise cherchait en l'occurrence un technicien de maintenance qu'elle paierait peu, qu'elle ne pouvait titulariser, qu'elle ne garderait qu'un an ; il fallait un Enfant Adapté Soumis. L'étudiant ne convenait pas et l'entreprise ne lui aurait pas convenu. Ailleurs, il réussit fort bien.

Lors d'une embauche, on demande à un candidat à un poste commercial :

— Si vous n'aviez pas fait du commerce, qu'est-ce que vous auriez fait ?

— Quand j'étais gosse, je voulais être garde champêtre.

— Bien, enchaîne le recruteur, parlez-moi de ce métier.

Le candidat se lance dans une description amusée et enthousiaste des charmes et avantages divers, mythiques ou réels, qu'il attendait de cette bucolique profession.

L'entretien s'arrête là-dessus. Le candidat pouvait être étonné que l'on se soit attardé sur un sujet aussi futile et si peu professionnel.

Or il était retenu pour le poste. Critère du recruteur : « Il sait s'enthousiasmer, il suffira de le motiver pour qu'il sache mobiliser ses compétences et celles des autres. »

Cette fois, c'est l'Enfant Spontané qui était sollicité et l'on cherche tout autant des tempéraments Protecteur, Normatif, Rationnel, Soumis ou même Rebelle, ce qui pourrait paraître plus paradoxal, pour assurer les fonctions d'analyse décapante dans les services où il est urgent de procéder à une remise en question : autant profiter de leur côté « bouteille de vitriol ambulante ».

Faites le questionnaire PAE

Mode d'emploi

On est toujours plus riche que les grilles derrière lesquelles on essaie de nous enfermer. Toutefois, les questionnaires PAE nous permettent d'avoir une meilleure connaissance de soi.

1. Répondre aux 60 propositions : ce qui est affirmé est-il plutôt vrai ou plutôt faux ?

2. Classer les « plutôt vrai » dans les catégories dont ils relèvent : Protecteur, Normatif, Adulte, etc. Par exemple, si j'ai répondu « plutôt vrai » à la question 4, je coche une réponse dans la catégorie « Protecteur ». Ce qui me permettra de dire en fin de compte : sur dix occasions de brancher le Parent Protecteur, combien de fois ai-je choisi de le faire ?

3. En faisant figurer par un point dans l'égogramme personnel le niveau atteint dans chacune des six catégories, je peux savoir quelles sont les « voix » que j'écoute le plus volontiers et quelles sont celles que je refoule.

4. Quelques questions à se poser à propos des résultats :

– Ai-je beaucoup d'énergie disponible, suis-je plutôt expansif ou réservé (Enfant Spontané) ?

– Où va s'investir de préférence mon énergie, dans quel rôle, quelle posture vais-je chercher à me placer ?

– Ai-je intérêt à changer quelque chose dans mon profil ? Quels seraient les avantages et inconvénients ?

5. Un test n'a pas une valeur absolue, c'est un outil de réflexion ; en quoi les résultats obtenus à celui-ci pourraient-ils être relativisés ? En quoi les événements relationnels de ma vie passée permettent-ils de considérer que l'image qu'il me renvoie est ressemblante ?

6. On trouvera d'autres questionnaires PAE dans Chalvin (voir bibliographie) et Jaoui *(idem)*.

Test PAE

Plutôt vrai/Plutôt faux

1.   On dit que j'ai du sang-froid.
2.   J'aime bien rire aux dépens des autres.
3.   Je me laisse influencer facilement.
4.   Je rends visite aux copains malades.
5.   Je sais apprécier les imprévus.
6.   J'admets très mal la tricherie.
7.   J'aime beaucoup les voyages.
8.   Je remonte fréquemment le moral aux copains qui dépriment.
9.   Je n'arrive pas en retard pour ne pas me faire remarquer.
10. Je suis souvent en désaccord avec mon entourage.
11. On me trouve logique et rationnel.
12. Il faut respecter les délais.
13. Je ne contredis jamais un supérieur hiérarchique.
14. J'aide sans qu'on me le demande.
15. Je sympathise assez souvent avec des inconnus.
16. Les absences doivent être justifiées.
17. Avant d'effecteur un travail, je réfléchis sur la méthode à suivre.
18. Je suis râleur, contestataire.
19. Je suis organisé dans mon travail.

20. Je repère facilement les défauts des autres…
21. Je dis « oui » alors que je voulais dire « non ».
22. Je prête facilement mes affaires.
23. Quand quelqu'un me plaît je n'hésite pas à le lui dire.
24. J'apprécie la discipline.
25. Quand je suis en colère, on m'entend.
26. Je porte souvent des appréciations sur les gens.
27. Confronté à un échec, je réfléchis calmement.
28. Je préfère donner que recevoir.
29. Dans une situation difficile je garde ma présence d'esprit.
30. Quand il convient d'être en smoking, j'ai tendance à mettre une chemise à fleurs.
31. J'accorde de l'importance à ce qu'on pense de moi.
32. Je n'aime pas partir dans l'inconnu, il faut que ce soit planifié.
33. J'aime à rassurer mon entourage.
34. J'évite de prendre des responsabilités.
35. J'adore taquiner.
36. J'ai tendance à passer beaucoup de temps à aider les autres.
37. Ce n'est pas acceptable de doubler dans les files d'attente.
38. Je prévois les conséquences de mes actions.
39. Je choque souvent par mes propos.
40. Je suis plutôt timide.
41. On me trouve enthousiaste.
42. Je remets mes opinions en question quand il le faut.
43. Quand je suis content ça se voit.
44. Quand un problème se pose, j'amasse le plus de données possibles pour le résoudre objectivement.
45. J'aime la satire et la dérision.
46. J'ai le souci de ne pas importuner les autres.
47. Je ne cache pas mes émotions.
48. Il est intolérable de faire claquer des pétards dans les cimetières.
49. J'ai l'esprit de contradiction.
50. Ça ne me déplairait pas d'être médecin sans frontières.

51. Je me fais petit devant l'autorité.

52. Il est dommage que certaines valeurs se perdent.

53. Avec moi on ne s'ennuie pas.

54. Dans le doute je sais me documenter.

55. Je suis réputé pour la férocité de mes remarques.

56. Dure est la loi, mais c'est la loi.

57. On me dit que je suis « trop bon ».

58. J'essaie de ressembler à ce que mes parents voulaient que je fusse.

59. J'ai toujours une histoire, drôle ou pas, à raconter.

60. J'ai tendance à prendre les opprimés sous mon aile.

PROTECTEUR	NORMATIF	ADULTE	SPONTANÉ	SOUMIS	REBELLE
4	6	1	5	3	2
8	12	11	7	9	10
14	16	17	15	13	18
22	24	19	23	21	20
28	26	27	25	31	30
33	32	29	41	34	35
36	37	38	43	40	39
50	48	42	47	46	45
57	52	44	53	51	49
60	56	54	59	58	55
TOTAL /10	TOTAL /10	TOTAL /10	TOTAL /10	TOTAL /10	TOTAL /10

ÉGOGRAMME PERSONNEL : Placez une croix face au nombre de réponses obtenues dans chaque catégorie. Cela vous donne votre égogramme personnel.

10					
9					
8					
7					
6					
5					
4					
3					
2					
1					

RÉPONSES PAE

Comment fonctionnent les «transactions»

Il arrive que l'on pose, lors de l'épreuve d'entretien pour l'entrée dans une grande école commerciale, à tel ou tel candidat qui a déjà fait preuve d'une certaine solidité et à qui, on veut donner l'opportunité de briller plus encore, une question surprenante.

Par exemple, «la TRU (Société de transport des résidus urbains) organise fréquemment dans nos régions des concours de jets d'immondices : concours de longueur, de hauteur... pourriez-vous envisager d'y participer ? »

Un candidat de 20 ans qui sort d'une classe préparatoire et qui réagit sans se démonter à une question aussi incongrue fait preuve d'une singulière résistance au stress et d'une étonnante flexibilité : c'est bien là les qualités que l'on souhaite en l'occurrence détecter.

Voici quelques réponses entendues qui miment des états du moi très différents et peuvent être appréciées :

— Un jeu aussi navrant ne saurait être proposé sérieusement ici !

— Qu'est-ce que je ne ferais pas pour entrer dans votre école !

— Je pense que cette question bizarre a pour but de vérifier si j'ai le sens de l'humour, j'en ai.

— Qu'est-ce qu'on gagne ?

— Si cela peut vous faire plaisir !

— Et vous, vous joueriez, vous ?

Chacun utilise des ornières transactionnelles en fonction de son PAE et des circonstances. Connaître les transactions et jouer avec elles permet d'explorer d'autres chemins.

• L'un des intérêts de connaître le PAE, c'est qu'il permettra de considérer qu'une transaction, unité de base des relations humaines, est une relation entre deux PAE branchés ou pas sur la même longueur d'ondes.

- Une relation est une chaîne de transactions.
- Le mot « transaction » suppose un échange au sens « aller-retour » mais aussi au sens économique ; la balance de l'échange détermine la nature du contrat relationnel.
- Les états du moi s'attirent ou se repoussent comme les pôles d'un aimant.

On peut distinguer cinq sortes de transactions.

La transaction parallèle

Une transaction est parallèle ou complémentaire lorsque c'est l'état du moi sollicité qui répond à celui qui l'a sollicité ; ce type d'échange est équilibré au niveau du processus, il n'entraîne ni heurt ni conflit mais il engendre la création d'une ornière relationnelle donc le caractère productif n'est pas assuré.

La transaction peut être égalitaire.

Q : Où avez-vous mis le dossier Y ?

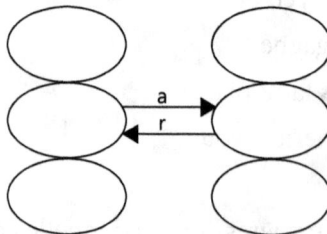

R : Il est dans le second tiroir.

Elle peut être inégalitaire.

A : J'ai peur !

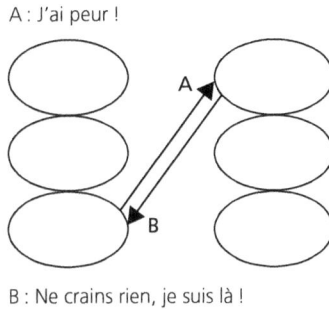

B : Ne crains rien, je suis là !

On est peut-être en accord sur le processus et pas sur le contenu.

— Savez-vous seulement quel est le cours du deutschmark aujourd'hui ?

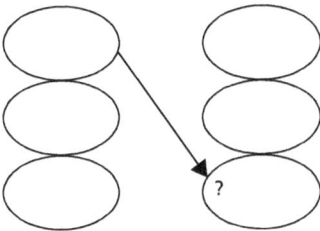

La question posée est apparemment Adulte ; si un mot ne l'était pas ce serait l'adverbe « seulement » qui implique un doute, un mépris, un sentiment de supériorité.

Le risque pour l'interlocuteur est d'accepter une transaction complémentaire. S'il sait répondre à la question, il tiendra le rôle de l'Enfant Adapté Soumis ; s'il ne sait répondre, il pourra être tenté par le rôle de Rebelle.

À lui, s'il le souhaite, de quitter la transaction parallèle pour croiser la transaction.

La transaction croisée

Q : Connaissez-vous seulement le cours du deutschmark ?

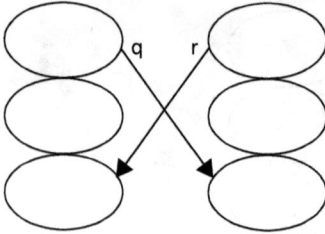

R : Monsieur, vous n'êtes pas ici pour me donner des leçons d'économie
et si vous étiez compétent on s'en serait aperçu.

La transaction est croisée lorsque c'est un autre état du moi que celui qui est sollicité qui répond à celui qui l'a sollicité.

Le risque de ce type de transaction est de provoquer un hiatus, un conflit dans la relation, ce qui peut constituer un élément d'échec ou un renouvellement salvateur.

Secrétaire : J'en ai marre de cette machine, je vais la jeter par la fenêtre !

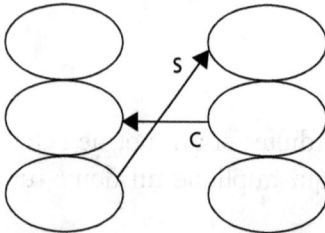

Cadre A : Vous avez l'air en colère !

La secrétaire exprime une émotion. En la reformulant en Adulte, le cadre permet à la conversation d'évoluer vers du rationnel.

Une autre façon de croiser la transaction aurait été de brancher l'Enfant en disant par exemple : « Attendez, je vais ouvrir la fenêtre. »

Toute l'énergie canalisée par l'interlocutrice dans une relation Enfant-Parent attendue aurait alors éclaté sous forme d'éclat de colère, d'éclat en sanglots ou d'éclat de rire.

Les transactions cachées

1) Elles sont doubles, elles se déroulent apparemment à un niveau social et recèlent un niveau psychologique caché.

L'étudiant : J'ai vu que tu n'étais pas au cours d'amphi, je t'ai pris le cours en double, tu peux passer le prendre chez moi quand tu veux.

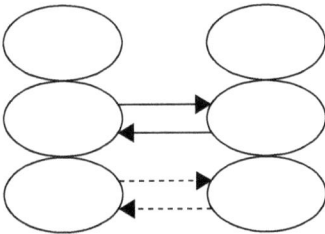

L'étudiante : C'est gentil d'y avoir pensé, je passerai chez toi ce soir.

Apparemment la transaction est rationnelle, on peut supputer, suivant les circonstances et le ton, que des enjeux d'ordre émotionnel ne sont pas totalement absents de la proposition de rencontre et de la réponse.

2) Un époux rentre chez lui et s'affale dans son fauteuil favori ; son épouse l'interpelle.

Épouse : Tu as vu que le voisin a déjà bêché tout son jardin ?

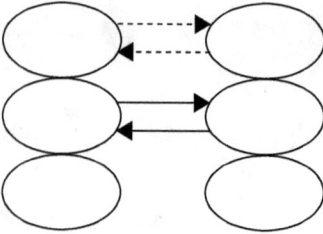

Réponse du mari : Oui, j'ai vu… et la voisine a fait toute la lessive !

Apparemment il s'agit d'un échange d'informations qui cache à peine des jugements de valeur et un conflit en germe.

Les transactions cachées sont à l'origine de jeux à trois rôles : Persécuteur, Victime et Sauveur qui peuvent se révéler coûteux en énergie (voir la structuration du Temps).

Si la transaction au niveau social cache un échange émotionnel, il peut s'agir d'humour (cas n° 1). Si la transaction au niveau social cache un jugement de valeur, il peut s'agir d'ironie (cas n° 2).

Les transactions angulaires

Elles visent consciemment deux niveaux. L'Adulte gère la situation pour manipuler de façon volontaire.

Une transaction est une manipulation lorsque l'un des deux partenaires n'est pas au courant des objectifs poursuivis. Lorsque les deux sont informés, il s'agit d'influence.

Malheureusement, cette distinction apparemment claire entre « influence » et « manipulation » qui permet de se donner bonne conscience, perd de sa netteté parce que l'on peut être plus ou moins bien informé des objectifs de chacun.

Le subordonné qui sollicite un rendez-vous auprès de son chef débordé risque fort un refus s'il utilise une transaction inégalitaire qui programme une réponse Parent.

Subordonné (timidement) : Monsieur le directeur, est-ce vous pourriez, s'il vous plaît, me recevoir ?

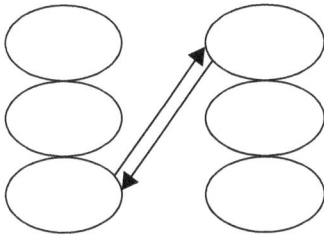

Directeur : On verra ça plus tard !

En utilisant la transaction angulaire, il augmente ses chances d'être reçu.

Subordonné : Monsieur le directeur est-ce que vous préférez me recevoir cet après-midi ou demain matin ?

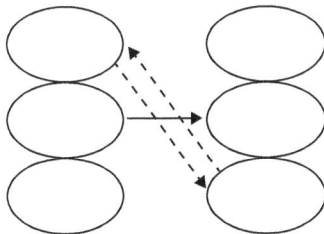

Directeur : Je suis très occupé, venez demain matin !

La question est apparemment neutre et Adulte, mais elle exclut le fait qu'on ne sera pas reçu et enferme l'autre dans une alternative.

Les transactions tangentes

En prenant la tangente, l'interlocuteur cherche à se sortir d'une situation difficile et à reprendre le pouvoir. Il n'y a pas que dans les milieux politiques que l'on rencontre cette technique.

Le journaliste : Monsieur X, pensez-vous avoir les qualités pour être président ?

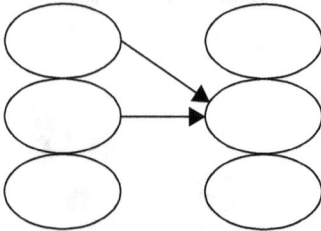

Le candidat : C'est une bonne question et je vous remercie de l'avoir posée, et je me demande en effet si l'actuel président a les qualités pour le rester en effet...

Entraînez-vous

Quel est l'objectif de l'entraînement ?
Sortir des ornières transactionnelles, acquérir la souplesse dans le maniement d'autres stratégies.
Comment s'entraîner
Proposer une réponse Parent, Adulte et Enfant à des propos échangés entre deux personnes.
Exemple
Le cadre à sa secrétaire : — Où se trouve le dossier Y ?
Réponses
P — Vous ne rangez jamais rien.
A — Dans le tiroir Y.
E — Je vous l'apporte tout de suite.
b) On a encore vu Jacques avec Dominique
P — C'est scandaleux, il faudra prendre des sanctions.
A — Pourquoi dis-tu « encore » ?
E — Il en a de la chance, Jacques !

Phrases proposées : deux étudiants discutent.

Donnez des réponses Parent, Adulte et Enfant

1— Tu peux me passer la note que tu as rédigée ?

P

A

E

2 — C'est dans quelle salle le cours d'électronique ?

P

A

E

3 — Isabelle vient de me laisser tomber.

P

A

E

4 — Je n'arriverai jamais à avoir une promotion.

P

A

E

5 — Je n'ai aucune chance avec cette fille.

P

A

E

6 — J'en ai assez de faire la queue devant les salles de cinéma.

P

A

E

7 — Yann vient travailler avec une voiture superbe.

P

A

E

8 — Je n'irai pas à cette soirée, cette boîte est nulle.

P

A

E

© Groupe Eyrolles

9 — On a gagné le match dimanche dernier.

P

A

E

10 — Les gens arrivent en retard en réunion.

P

A

E

Rappel : l'adulte reformule, questionne, précise, résume. Le ton utilisé importe autant que ce qui est dit.

Comment se manifestent les signes de reconnaissance

Tout vaut mieux que l'indifférence. Si l'on communique avec autrui, c'est surtout par désir de recevoir des caresses au sens physique ou métaphysique du terme.

Eric Berne parle de « strokes », ce qui désigne les manifestations par lesquelles les êtres humains s'expriment entre eux, qu'ils se reconnaissent comme existant et qu'ils s'accordent une certaine valeur positive ou négative.

Ces stimulations peuvent être physiques, psychologiques, sociales : caresses, sourires, paroles, salutations, cadeaux, primes, médailles, remerciements, compliments…

Une pénurie de strokes peut entraîner des conséquences graves. Un enfant mal soigné chez lui par des parents maladroits est hospitalisé. Repas à telle heure, piqûre à telle autre, il bénéficie de tous les soins adéquats. Pourtant, après trois mois, son état s'est aggravé parce qu'il a toujours été considéré par le personnel comme malade anonyme de la chambre X, un tube digestif, un lieu de piqûre. Il lui manquait les regards de la mère, quelque rares qu'ils fussent, les caresses parentales quelque brutales qu'elles parussent. Il lui manquait d'avoir un nom, il se mourait d'anonymat.

Priver l'autre de signes de reconnaissance constitue une sanction très dure, c'est tout le sens de la mise en quarantaine par un groupe de celui qui en a transgressé les règles.

On peut classer les strokes en quatre catégories.

Les signes de reconnaissance positifs inconditionnels

Tout ce qui est de l'ordre de « Je t'aime », « Je t'apprécie quoi que tu fasses ou que tu dises ».

A priori, il s'agit là de la stimulation idéale, mais sa valeur peut être hypothéquée de plusieurs façons : par exemple, si l'éloge vient d'une personne dont la considération nous importe fort peu ou nous importune, ou s'il s'agit d'un signe de reconnaissance dont la valeur n'a pas été suffisamment étalonnée.

– Par exemple, une mère dit à son enfant : « Tu es le plus beau, le plus intelligent. » Quelle est l'unité de mesure ? Quelle est la référence ?

Les signes de reconnaissance positifs conditionnels

On félicite quelqu'un pour ce qu'il dit ou pour ce qu'il fait, ou ce qu'il sait, etc., mais non plus pour ce qu'il est.

Pour recevoir ces signes, il faut remplir certaines conditions, ce qui les rend éminemment utilisables en pédagogie. La création d'une pénurie pouvant aider à modifier le comportement du bénéficiaire virtuel.

Les signes de reconnaissance négatifs conditionnels

«Votre tenue n'est pas conforme à celle que l'on attendrait de votre part dans notre entreprise, étant donné le rôle de représentation qui est le vôtre.» Ce type de stimulation peut être efficace, mais s'il est exclusif et si les signes de ce type sont accumulés, il peut aboutir à une saturation, à une collection douloureuse d'insatisfactions, l'horizon théorique présenté comme idéal paraît inaccessible, et le destinataire perd son moral et son tonus qui dépendent du sentiment qu'il a de l'accessibilité de ses objectifs.

Les signes de reconnaissance négatifs inconditionnels

Ils sont rudes à percevoir, mais, faute de mieux, ils peuvent être acceptés et susciter des comportements de soumission ou de rébellion. L'enfant qui rentre de l'école sonne et s'entend dire par sa mère qui ouvre : «Ah! ce n'est que toi.» Si la scène se répète, aura-t-il confiance en lui quand il entrera dans un groupe ? Osera-t-il occuper toute sa page quand il écrira ? Quelle envergure se permettra-t-il quand il sera dans l'entreprise ? Ne se donnera-t-il pas comme règle de ne pas déranger, d'exister le moins possible ?

Étant donné l'importance de ces stimulations pour l'équilibre psychique des individus, il paraît utile de prendre conscience de la façon dont nous gérons l'économie de leurs échanges dans une société qui, par les interdits et les tabous, tend à en organiser la pénurie.

Quelques questions à se poser

Est-ce que je m'autorise à donner des signes de reconnaissance ? Comment pourrais-je qualifier ma façon de dire « Bonjour » ? de serrer la main ? Est-ce que je souris facilement, franchement, renvoyant ainsi à l'autre une image positive de lui-même ? Est-ce que je sais féliciter, récompenser, faire un cadeau ?

Quand j'ai besoin ou envie d'un stroke, est-ce que j'ose le demander ? Ou est-ce que je prétends, l'air boudeur et un peu pincé, que l'autre, s'il me connaissait mieux, aurait dû le deviner ? Est-ce que je m'abstiens de demander par peur d'être refusé ? Est-ce que j'assume mes demandes ou est-ce que je les sabote en rendant l'échec probable pour justifier mes futures hésitations à prendre le risque d'une demande ?

- Est-ce que je m'autorise à *accepter ?* Quand on me fait un compliment, « Ton pull est super », est-ce que je me sens obligé de le tourner en dérision ? « Oh ! non, c'est un vieux, je l'ai eu en solde, le tien est bien plus beau. » Ou est-ce que je sais dire : « Je suis content qu'il te plaise, moi aussi je le trouve bien. » Quand ces formules correspondent-elles réellement à ce que je ressens ?

- Est-ce que je me donne la permission de refuser un signe de reconnaissance quand il ne me convient pas, quand je ne souhaite pas le recevoir de la personne qui me l'offre – Est-ce que j'ose dire « non ? » Est-ce que la formule « Je n'ai pas pu refuser » m'est familière ou pas ? Ai-je le sentiment d'être pris dans un réseau d'obligations ?

L'économie des stimulations peut aussi être interne : quels signes de reconnaissance est-ce que je me donne ?

Certains d'entre nous peuvent se motiver au fouet, se crucifient sur une image d'eux-mêmes qu'ils s'efforcent de promouvoir : « Tu trembles carcasse, mais si tu savais où je vais t'emmener tu tremblerais plus encore ! » D'autres sont plus gratifiants : « Qu'est-ce que tu es beau ! » se disent-ils devant la glace ; certains sont pédagogiques : « Tu travailles encore deux semaines comme ça et tu l'auras gagné, ton voyage ! »

Entraînez-vous collectivement

Narcissisme légitime

Quel est l'objectif de l'entraînement ?

Se donner des signes de reconnaissance et se préparer à promouvoir sa compétence et sa personnalité dans un entretien d'embauche.

Comment procéder ?

a) Chaque membre du groupe préparera une description de lui-même qui comportera au moins cinq éléments précis et réels étayés par un fait concret : des réussites, des compétences, des traits de caractère.

b) Chaque membre communique à tous les autres oralement ce qu'il a écrit (on pourra faire un ou cinq tours de table et/ou procéder par sous-groupes).

Quelles sont les difficultés ?

Les stimulations positives se donnent sous le régime de la rareté : c'est mal vu de se vanter, on risque de formuler son propre éloge en le tournant en dérision ; éviter tout commentaire des auditeurs.

Comment y remédier ?

S'affirmer en se donnant la garantie du concret, du démontrable après s'être fermement convaincu ; l'animateur peut exiger une écoute silencieuse du groupe ou une intervention peut être admise si elle ajoute un mérite à ceux qui ont été énoncés.

Muscler le plexus

Quel est l'objectif de l'entraînement ?

Cet entraînement, beaucoup plus rude que le précédent, permet d'améliorer la résistance au stress, de se préparer à toute fonction dans laquelle on peut être observé, évalué, critiqué.

Comment procéder ?

Le groupe est en demi-cercle, les participants y sont disposés comme les dents dans une mâchoire.

Une chaise est disposée devant ce demi-cercle, tour à tour chacun des membres du groupe se tiendra debout sur ladite chaise sans autre appui. Chacun des membres du groupe lui dira tour à tour deux phrases : la première commence par : « Ce que je n'aime pas en toi c'est... » ; la seconde par : « Ce que j'aime en toi, c'est... ». Le récepteur ne doit réagir ni verbalement ni non verbalement.

Quelles sont les difficultés ?

Les participants sont parfois tentés de tourner le problème que leur pose l'implication souhaitable : « Ce que je n'aime pas, c'est tes chaussettes ; ce que j'aime, c'est ton look. »

Comment y remédier ?

On pourra signaler cette tendance : « Si vous avez peur de ce que vous allez dire, vous allez peut-être être tenté de ne faire que des remarques superficielles », et laisser à chacun sa chance d'éviter de s'impliquer s'il le souhaite et en s'en rendant compte.

Les effets des stimulations

Quel est l'objectif de l'entraînement ?

Vérifier, sur la motivation et la production, l'impact d'une attitude encourageante, neutre, décourageante.

Comment procéder ?

Le groupe est divisé en trois sous-groupes qui reçoivent comme consigne d'exécuter une tâche dont le résultat est mesurable. Par exemple, trouver le maximum de points communs entre un être humain et une bouilloire. Dans chaque groupe, une personne qui ne participe pas à la production sera chargée de noter et comptabiliser les trouvailles. Cette personne aura reçu, en outre et sans que les participants le sachent, une consigne spécifique.

Dans le premier groupe, elle devra encourager et féliciter ses partenaires. Dans le deuxième groupe, elle se contentera de noter les propositions. Dans le troisième groupe, elle devra critiquer et décourager. Les trois sous-groupes travaillent séparément pendant une durée identique, fixée préalablement.

Que conclure ?

Qui a produit le plus ? Comment cela s'est-il passé ?

Tableau récapitulatif des signes de reconnaissance

négatif –	positif +
Je ne t'aime pas	Je t'aime
Je ne t'aime pas lorsque…	Je t'aime quand…

Comment le temps se structure-t-il ?

Le retrait

Imaginons trois personnes dans un ascenseur et, pour expérimenter plus longuement leurs transactions, supposons qu'il tombe en panne. La distance qui sépare les personnages n'est pas très élevée : elle correspond davantage à une distance d'intimité qu'à une distance sociale. Les personnages peuvent être gênés : il faudrait structurer le temps et la relation.

D'abord, les trois personnages pourront feindre de s'ignorer et, en lisant leur montre ou leur carnet, se tenir en retrait.

En l'occurrence, l'attitude de retrait signale une difficulté et, si quelqu'un choisit fréquemment cette attitude, cela peut être dû à une volonté de se surprotéger, à une crainte du monde extérieur, à une peur devant le risque phantasmé ou réel. Si ce désir d'isolement devient une conduite systématique, un réflexe devant toute difficulté, il conduit à l'inadaptation, à la névrose, à la psychose, au suicide social.

En revanche, l'image stéréotypée du sage, de l'écrivain, du prêtre, de l'ermite ou du chef qui médite signale tout l'intérêt d'une période de prise de recul, de distanciation.

À se refuser tout moment de solitude, on révélerait un comportement d'agitation, un tel souci d'adaptation aux autres ou aux événements qu'il relèverait de la dépendance.

Le rituel

Eu égard au caractère passablement incongru de leur situation, il n'est pas certain que les personnes prisonnières dans l'ascenseur passeront un temps important à échanger des « Bonjour » ou des politesses rituelles. Le caractère un peu dramatique de la situation en exhiberait rapidement le caractère déplacé.

En effet, les rituels constituent un échange de signes de reconnaissance peu intenses : on se salue dans un atelier, dans une classe ou dans un groupe selon un rite plus ou moins original. On vient de se reconnaître comme un membre dudit groupe, comme un quinzième ou un vingtième de groupe ; ce n'est pas important, apparemment ; c'est pourtant un minimum vital. Mettre quelqu'un en quarantaine, c'est le priver de ses rituels et l'effet peut être désastreux.

Freud avait observé que sa nièce se livrait à un jeu d'apparence insensée. Elle cachait un objet dont la disparition était accompagnée de mimiques angoissées puis le retrouvait avec des manifestations de joie triomphale, tout à fait injustifiées puisqu'elle l'avait caché elle-même.

La nièce de Freud serait-elle débile ? Le psychanalyste a, bien évidemment, trouvé une autre explication en s'avisant que sa nièce pratiquait ce jeu répétitif, rituel, de disparition-retrouvailles lorsque sa mère s'absentait : ce qui avait disparu pouvait revenir. Ce jeu rituel permettait à l'enfant d'inventer le concept de « retour » et donc d'échapper à l'angoisse : le rituel rassure. Son caractère prévisible permet d'éviter les risques psychologiques ou affectifs, de gérer ses relations aux autres et à l'environnement en toute sécurité.

Les religions l'ont bien compris qui, en inventant l'année liturgique, provoquent le retour régulier des mêmes événements dans la mémoire des gens. Il n'en reste pas moins que les signes échangés sont pauvres, peu personnalisés et que le rituel ne constitue d'ordinaire que la garantie d'un minimum de synchronisation avec le partenaire avant de passer, en toute sécurité, à des relations plus intenses.

Le passe-temps

Il est possible que, pour tuer le temps, les personnages prisonniers de l'ascenseur se livrent à des considérations plus précises, un peu plus riches que les rituels, mais qui relèvent toujours de la convention et du stéréotype : le temps qu'il fait, le sérieux des entreprises de maintenance. La voiture, les vacances, la conjoncture constituent des sujets de ce type.

Le passe-temps est ce qui se pratique typiquement à l'occasion d'un « pot » ou d'un cocktail. Il a donc l'avantage de constituer un moyen de sélectionner les gens pour des relations plus complexes ou implicantes, d'orienter vers de l'activité, des jeux ou de l'intimité. Si l'on en reste volontiers à ce stade, c'est sans doute le signe d'une crainte en ce qui concerne les relations aux autres, d'une image de soi dévalorisée.

L'activité

Si les prisonniers de l'ascenseur y restent un certain temps, ils passeront sans doute à la recherche adulte d'un objectif et d'une méthode pour l'atteindre : frapper sur les parois, pousser des cris en chœur.

L'activité constitue la forme de structuration du temps la plus attendue dans la vie professionnelle. Elle peut se trouver fréquemment perturbée par l'Enfant ou le Parent, ce qui conduit à des jeux, à des sabotages, à de l'agitation.

Plus gratifiante que les trois façons précédentes de structurer le temps, l'activité permet d'être reconnu sinon pour ce que l'on est, au moins pour ce que l'on fait. Si l'on n'a jamais été reconnu que pour ce que l'on faisait, on pourra être tenté d'être toujours sur la brèche pour se sentir bien.

Les jeux

Bientôt, l'une des trois personnes dans l'ascenseur se plaindra qu'elle avait un rendez-vous, qu'on ne l'attendra pas : elle a trouvé son rôle, elle jouera la Victime. Peut-être que la deuxième lui démontrera que, somme toute, l'incident n'est que minime et que le contretemps aisément se réparera. Elle a joué les hommes de cœur, c'est elle qui sera le Sauveur. Reste un muet, la personne numéro trois, tapie dans un coin de l'ascenseur étroit. Elle regardera les deux premières d'une façon amicale en leur disant : « Vous avez vu *La Tour infernale* ? » Elle a trouvé son rôle : elle sera le Persécuteur. Ainsi la relation ternaire sera-t-elle structurée de façon diabolique en trois fonctions programmées : Victime, Sauveur, Persécuteur sont les rôles infernaux que, pour passer le temps, inventent les trios.

Il s'agit là d'un concept particulièrement efficace et fécond sur lequel nous reviendrons après avoir présenté la sixième façon de structurer le temps.

L'intimité

C'est la façon de structurer le temps la plus implicante. Les six catégories ayant été classées de l'échange nul (le retrait) à l'échange le plus intense (l'intimité).

L'intimité consiste à accepter l'autre comme il est et à rester soi-même, sans masque. Il ne s'agit pas de rapports sexuels frénétiques et permanents mais d'un rapport Enfant Libre-Enfant Libre qui offre le plaisir de la suppression des barrières défensives.

Selon Eric Berne, ce type d'échange qui implique l'acceptation de la vulnérabilité, qui suppose la confiance mutuelle et l'abandon de la carapace habituelle, est très rare.

Il ne signifie pas relation idyllique. Le partage émotionnel peut être celui d'une tristesse à l'occasion d'un deuil aussi bien que celui de la joie.

Le paradoxe de l'intimité est que, si on la recherche, on se livre à une activité et donc on la manque. Tout ce que l'on peut faire, c'est créer les conditions pour favoriser l'intimité.

Développement du concept de jeu

Ce concept mérite une attention toute particulière à cause de son caractère très opératoire.

On joue à des jeux parce que l'on y trouve des bénéfices. Il est à noter que les jeux n'ont rien de ludique, qu'ils peuvent varier d'intensité et aller de l'anodin au tragique. Les *bénéfices* que l'on en tire sont des bénéfices négatifs, c'est-à-dire qu'ils s'accompagnent d'un sentiment de malaise, de déjà-vu, d'avoir été trompé.

Exemple : la scène de ménage

Un mari rentre chez lui après une dure journée de travail : il est enseignant et il a fait un détour pour une visite assez longue chez son amie…

Son épouse l'accueille par des reproches : — C'est à cette heure-ci que tu rentres ! C'est de plus en plus tard et de plus en plus fréquent. J'avais fait un soufflé, il est retombé, tu le mangeras comme ça !

Le mari : — C'est comme ça que tu m'accueilles après une journée de travail, alors que j'ai fait des heures supplémentaires. Tout ça pour satisfaire les caprices de madame qui ne gagne pas d'argent, mais qui sait le dépenser. C'est pas vrai, je ne peux pas y croire !

Le mari part solennellement et s'installe, bras croisés, dans son fauteuil après avoir branché la télé. Il vibre bientôt au rythme des exploits footballistiques du Cameroun.

Quels sont les bénéfices du mari ? Quel intérêt a-t-il à faire une scène ?

Il a joué les bourreaux de travail. Il échappe à une explication embarrassée. Il n'est pas obligé de passer aux aveux. Il peut regarder son match tranquillement. Il a donné un motif de retard qui lui permettra souvent de ne pas rentrer tôt. Il n'est pas obligé de manger le soufflé : il déteste ça. On pourrait trouver d'autres bénéfices en créant tel autre contexte.

Le paradoxe, dans les jeux, est que tous les participants peuvent y trouver bénéfice.

Pour l'épouse, dans le cas de cette scène, par exemple, elle peut se dire qu'elle a « marqué le coup ». Elle a justifié son soufflé raté. Elle a une bonne raison pour ne pas faire de plat chaud le soir. Elle aura davantage de temps libre. Elle pourra se mettre à la reliure. Elle pouvait craindre que son mari ne la délaisse et ne la quitte, elle se rassure en se disant : « Tant qu'il me fait des scènes, c'est qu'il ne s'en va pas. »

Le couple est fâché, il a dépensé beaucoup d'énergie dans ce jeu, dans les rôles tour à tour de Victime et de Persécuteur ; peut-être l'un d'entre eux se décidera-t-il à jouer le Sauveur en faisant les premiers pas vers l'autre. Peut-être réfléchiront-ils au fait que ce genre de scène a une forte tendance à se répéter et chercheront-ils à repérer le schéma typique de son déroulement.

Schéma des Jeux

**Amorce + point Faible =
Réponse → Coup de théâtre + Moment de Confusion + Bénéfice Négatif**

Par exemple, dans la scène précédente, l'amorce, qui est souvent une transaction cachée, c'est l'expression de la colère par une épouse qui éprouve peut-être de la peur.

Le point faible c'est, pour le mari, d'avoir à sauver la face, de ne pas se sentir très sûr de lui.

La réponse est une information sur son emploi du temps, mais le ton utilisé, la dramatisation indiquent que le mari se sent piégé.

Le coup de théâtre est dû au fait que la personne Persécutrice devient Victime et que la Victime devient Persécuteur. Ce qui doit engendrer chez les deux personnages un moment de confusion ; leurs bénéfices ont été évoqués antérieurement et peuvent se conceptualiser de la façon suivante :

a) Bénéfice psychologique interne :   évitement d'un sentiment phobique (peur, culpabilité)

b) Bénéfice psychologique externe :   évitement d'une situation sociale phobique (scène de l'aveu, de la rupture)

c) Bénéfice social interne :   besoin de structurer le temps (bienfait du bruit : ça occupe)

d) bénéfice social externe : enchaînement sur d'autres façons de structurer le temps (retrait devant la télévision)

e) bénéfice biologique : stimulations, strokes (je suis un bourreau du travail, je suis une épouse attentive)

f) bénéfice existentiel : confirmation de la position de vie (voir le chapitre adéquat)

Dans son ouvrage *Des Jeux et des Hommes*, Eric Berne a relevé quelques jeux fréquents sur lesquels il peut être utile de se livrer à quelques exercices afin de les identifier et de savoir comment s'en sortir.

Entraînez-vous

1. Le jeu du « Oui, mais... »

A. — « Je ne sais pas comment je vais m'y prendre pour rédiger ce rapport. »

B. — « Tu n'as qu'à regarder un rapport de l'année dernière.

A. — « Oui, mais il n'y en a pas sur un sujet de ce genre. »

B. — « Tu peux quand même en trouver un qui ressemble. »

A. — « Oui, mais ce qui m'intéresse, ce sont les éléments spécifiques.

B. — « Demande au responsable de stage de t'aider. »

A. — Il ne paraît pas très disponible.

B. — ...

- Quels bénéfices le donneur de conseil peut-il tirer de son rôle ?
- Quels bénéfices celui qui reçoit les conseils en tire-t-il ?
- Si B continue à proposer des solutions, il va s'épuiser, que peut-il faire d'autre ?
- Que peut dire B s'il branche un autre état du moi que le Parent Nourricier Négatif ?

2. Tribunal

Une mère lit un roman policier passionnant à l'ombre de son chêne préféré. Ses deux enfants jouent non loin de là puis accourent en piaillant :

Catherine : — « Il m'a cassé ma poupée.

Jacques : — « Elle m'a déchiré mon ours.

Catherine : — « Il a dit des gros mots.

Jacques : — « Elle m'a traité...

Après quelques répliques, la mère leur demande à tous deux de se rapprocher et les gifle de façon un peu retentissante ; elle se remet à sa lecture en soupirant : « Plus on les écoute... »

Quels sont les bénéfices de la mère ?

Peut-on imaginer, éventuellement en développant l'anecdote, les bénéfices des deux enfants ?

Quel « contrat » la mère et les enfants pourraient-ils passer pour que leurs stratégies relationnelles soient plus agréables à vivre ?

3.   Construction d'un jeu de victime

Il existe de vraies victimes qui souffrent réellement, ce n'est pas d'elles qu'il s'agit ici, mais des gens qui ont une prédilection pour ce rôle qui leur permet de recevoir des signes de reconnaissance, d'être prises en charge, de rendre les autres responsables de ce qui leur arrive.

On pourra imaginer un jeu de rôle rythmé par une formule de l'ordre de « C'est affreux » ou « Je suis éreinté » ou toute autre jérémiade afin d'analyser ensuite le comportement de l'interlocuteur et les options dont il disposait pour en sortir. Il s'agit souvent de croiser la transaction et de brancher l'Adulte ou l'Enfant.

4.   Construction d'un jeu de Persécuteur ou de Sauveur

Les rôles s'appelant l'un l'autre par complémentarité, un jeu de Victime appellera les deux autres. Cependant, si l'on veut mettre l'accent spécifiquement sur l'une ou l'autre dynamique, on pourra jouer à :

Battez-vous :

Dans lequel le joueur met en scène deux autres personnes qui seront en conflit. Exemple : « Maintenant qu'il est devant toi, tu peux lui redire qu'il est incompétent... »

Au viol :

Dans lequel l'allumeuse essaie de susciter l'intérêt d'un partenaire puis lui reproche d'être trop pressé, d'être obsédé...

Sans toi :

Où le joueur fait sentir à son interlocuteur (partenaire, patron, ami...) que sans lui les problèmes n'existeraient pas ou seraient bien plus faciles à résoudre.

Que peut-on faire des émotions, rackets et timbres ?

En ce qui concerne les émotions, l'objectif des chercheurs ou des réflexions et des conversations courantes semble être davantage de viser à les contenir et à les maîtriser plutôt qu'à les comprendre.

Beaucoup de termes qui évacuent la notion d'émotion semblent connotés positivement ; ils se révèlent suffisamment fascinants pour définir un héros ou au moins un stéréotype contemporain significatif dont on louerait le caractère impassible, impavide, calme, flegmatique, imperturbable, marmoréen.

Tout se passe comme si les émotions intenses étaient faites pour être vécues par procuration, la vie quotidienne étant constituée de sentiments plus minces, la tendresse s'efforçant de rendre moins désolants les versants naguère sataniques et désormais éteints des passions mortes. Comme le disait Godard : « Au cinéma on lève la tête, devant la télé on la baisse » – la tendance paraît être moins à l'exaltation lyrique qu'à la distanciation critique.

L'émotion, c'est le souvenir des contagions paniques, des foules fanatisées, des détresses névrotiques ou régressives, canalisées par des règles, des rythmes et des rituels tout en essayant de les retrouver par ailleurs en sautant d'un pont au bout d'un élastique ou, plus modestement, en lisant le journal *L'Équipe*, qui a le mérite d'osciller subrepticement de la comptabilité des records à l'épopée et au lyrisme des exploits.

Qu'en est-il de l'émotion ? Comment fonctionne-t-elle et qu'est-ce qu'on peut en faire ?

Dans la suite de ce chapitre, pour illustrer mes propos, je me suis efforcé de jouer avec les émotions, tout en en parlant. À vous d'en évaluer les effets d'écoute éventuels.

Les émotions comme techniques d'expression

Rien n'est plus spontané qu'une vieille habitude.
Les émotions que j'exprime sont d'anciennes attitudes
qui m'ont valu tant de satisfactions suaves
(il suffisait que je pleure et les bras de ma mère devenaient un havre)
que je m'efforce de ne pas rompre le contrat de dépendance
que j'ai instauré depuis ma tendre enfance,
pour recevoir des signes de reconnaissance :
mes émotions renoncent à la spontanéité pour l'obéissance.
Je vais donc chercher à retrouver ces émotions si fidèles :
au Gothique citadin et distingué, je préférerais le Roman
campagnard et matriciel.
Pour ne pas oublier les plaisirs bien connus de la peur
j'irai les alimenter grâce aux films d'horreur.
Je me perdrai dans le froid fouillis ordonné d'un tableau cubiste
où les objets n'ont plus de forme, où les visages défient les physio-
nomistes,
comme s'ils étaient perçus vaguement dans une chambre noire,
dans un endroit sans lumière, dans un monde sans espoir,
dans une civilisation qui se saurait mortelle
comme l'était mon équilibre originel
– maman et moi et la peur de la perdre –
– moi dans maman et la peur de m'y perdre.
Connaître les émotions que par habitude nous privilégions
permet peut-être de comprendre ce que nous valorisons :

nos goûts artistiques, nos préférences architecturales
pour ce qui est solaire, lunaire ou sépulcral.
Peut-être, pour comprendre davantage les rituels et la symbolique
convient-il d'y lire l'influence bénéfique
d'une émotion fertile et qui dure,
et dont une vie constitue l'écriture.

Quatre émotions fondamentales

Les différentes situations de la vie physique, intellectuelle ou
sentimentale,
peuvent être la source de quatre émotions fondamentales.
Supposons par exemple qu'un étudiant reçoive son sujet d'examen,
et que celui-ci lui paraisse de l'hébreu ou au moins du latin,
il pourra se ronger les ongles avec frénésie et impatience
en évoquant, d'un éventuel échec, les noires conséquences.
Il aura évoqué peut-être la peur ou son intensif la terreur,
s'il ne trouve pas de mots pour exprimer son malheur.
Un autre étudiant à ses côtés
tout aussi déconcerté par le sujet,
pourra se mettre à grommeler plus ou moins violemment
« C'était pas au programme, il manque des éléments. »
Lui, exprimera plutôt de la colère ou même davantage !
s'il ne peut en parler, il connaîtra la rage.
D'autres en soupirant regarderont leurs condisciples anxieux
et peu rassurés de les voir aussi inefficaces qu'eux,
voyant le succès s'éloigner, ne pouvant plus y croire,
ils se laisseront aller à la tristesse ou au désespoir.
Une quatrième catégorie d'étudiants enfin,
tenant son sujet d'une main,
s'efforcera de le mettre à l'envers
pour vérifier qu'il reste aussi obscur

et jettera alors alentours un regard étonné et pur
et prendra à témoin tout son petit univers.
« C'est bien trop facile ! C'est un test pour détecter les débiles. »
Ils ont choisi cette fois,
de se planter dans la joie.
Théoriquement, l'intensité de cette phase
peut mener jusqu'à l'extase.

Une émotion peut en cacher une autre

Toutes les émotions que nous avons l'habitude d'exprimer
ne sont pas, contrairement à ce que l'on pourrait croire, spontanées.
La vie, l'éducation, les événements nous les ont apprises
et nous exprimons seulement des émotions culturellement admises.
Imaginons par exemple l'histoire de cette petite fille
qui entend son père parler d'un combat de catch.
Aussitôt, elle s'agite et bientôt elle s'égosille :
« Moi aussi, je veux y aller avec toi, je veux. »
Le père soucieux de tranquillité répond d'un ton sentencieux :
« Non ! il n'est pas question que tu y ailles
et ce n'est pas la peine que tu brailles,
il y a des hommes qui se battent et des coups très violents,
il y a des arcades qui éclatent, je ne veux pas que tu voies tout ce
sang. »
La petite fille en colère trépigne et, d'un geste, balaie la table et casse
deux verres, une tasse et sa sous-tasse.
Le père, apparemment calme et décidé à se montrer ferme
éducateur,
lui dit en écartant les vases : « Tu n'iras pas, qu'importe ta fureur ! »
La fillette, humiliée, le mord alors sauvagement,
le père grimace de douleur mais reste intransigeant.
La petite fille n'a plus qu'une seule arme à sa disposition,

© Groupe Eyrolles

mais typiquement féminine et c'est donc une abomination,
elle s'approche subrepticement
et le pince en tournant.

Le père, surpris, hurle de douleur et dans un malheureux mouvement
gifle la petite fille dont le crâne va heurter bruyamment
le coin de la table en chêne assez massif.

La petite pleure et le sang se mêle aux larmes
sur son visage devant le père maintenant en alarme,
qui lui dit : « Ce n'est rien, ne pleure pas
mais tu sais, je ne savais pas
que le catch t'intéresserait autant que ça,
je croyais que c'était un spectacle trop dur,
la prochaine fois, je t'emmènerai, c'est sûr. »

La petite pleure un peu moins fort et semble réfléchir,
« Oui, mais ce soir alors ? » finit-elle par dire.

« Ah, pour ce soir, dit le père, c'est fini, c'est trop tard ! »
La fillette se remet à hurler avec une force rare.

« Bon, écoute, ce soir tu auras une poupée. »
Elle paraît un peu calmée à cette idée
et interroge d'une voix pleine d'ingénuité :

« Elle sera grande comment, la poupée ? »
À l'aide de ce stratagème plus ou moins volontaire,
elle obtient une grande et belle poupée extraordinaire.

Qu'a-t-elle appris lors de ce long combat ?
Elle a appris comment manœuvrer papa :
quand je cogne et que j'exprime de la colère,
je prends des coups et je vole par terre.

En revanche, lorsque je suis triste et que je pleure,
j'obtiens tout ce qui fait plaisir à mon petit cœur.

À supposer que cette succession de colère puis de larmes se retrouve
dans l'éducation de la fillette, cela lui prouve

qu'elle ne doit pas toujours exprimer ce qu'elle éprouve,
mais plutôt ce que son entourage approuve.
Moralité de cette histoire de souffrance et de douleur :
Voilà pourquoi les filles pleurent,
ou, quitte à parodier une formule SNCF pour la faire nôtre :
une émotion peut en cacher une autre.

Nos émotions sont apprises

Évidemment, pour ne pas apparaître à vos yeux
comme un misogyne attardé et poussiéreux,
je me dois de préciser aussitôt après cet exemple féminin
que l'on pourrait déceler le même mécanisme au masculin,
avec cependant certaines sensibles différences.
Imaginons un petit garçon qui apprend à rouler à vélo
sous les yeux de son père qui l'encourage comme il faut.
Tout à coup l'enfant choit et son genou saigne,
il s'attend sans doute à ce qu'on le plaigne,
mais son père lui dit fermement :
« Allons, lève-toi vite, garnement,
tu ne vas pas pleurer, tu n'es pas une fille enfin,
ça n'est pas de ta faute si tu es tombé,
toi tu es un homme et tu sais rouler,
c'est la faute du caillou qui était sur ton chemin. »
« Oui, mais quand même ça fait mal ! », dit le petit garçon
en reniflant un peu,
et il frappe avec colère dans le traître caillou trop rond.
Son père l'approuve : « Voilà, tu t'es vengé du caillou,
allez roule ! ça va aller tout doux. »
Le fils remonte sur le vélo en s'essuyant les yeux ;
lui aussi a appris beaucoup de cet épisode douloureux.
Quand je pleure, se dit-il, j'ai l'air d'une fille toute

fragile et toute pâle,
alors que quand je me mets en colère, c'est là que j'ai l'air d'un mâle.
Voilà pourquoi les hommes sont des êtres nobles et fiers,
qui ne craignent pas d'exprimer une juste colère.

Le racket est un sentiment appris dans l'enfance par traumatisme ou par modelage et dont l'expression a été encouragée par l'entourage

Cette fillette et ce garçon avaient bien raison d'agir comme ils le faisaient : pleurer permettait à la fillette d'éviter les coups et d'obtenir ce qu'elle voulait ; mimer la colère permettait au garçon de sauver sa dignité et de surmonter son échec et, au-delà de l'aspect systématique ou exemplaire des anecdotes proposées, il semble bien vrai que, statistiquement, on admette plus facilement telle émotion de telle personne plutôt que de telle autre.

Si une fille sort du cinéma en se frottant les yeux et en disant : « Ah, ce que c'était triste ce film ! », le mâle qui est à côté en profitera pour dire : « Ce n'est rien, n'aies plus peur, ce n'était qu'un film, je suis là. » Mais si c'est le mâle qui pleure en sortant du cinéma, il est possible que sa compagne dise : « Écoute, arrête de te donner en spectacle comme ça, enfin tu as l'air de quoi ! je te connais pas moi ! »

L'expression apprise d'émotions inadéquates par rapport à la situation réellement vécue n'est donc pas rare, elle est familialement ou socialement encouragée et elle a constitué, à l'origine, une trouvaille ingénieuse de l'enfant pour se protéger, s'adapter à un milieu où il ne recevait les signes de reconnaissance de la part de son entourage qu'en se pliant à cette façon de s'exprimer.

Il peut arriver, néanmoins, que cette protection devienne très coûteuse et que le décalage entre ce qui est ressenti et ce qui est exprimé devienne pathogène.

Conséquences néfastes du racket

À supposer que la petite fille évoquée tout à l'heure
exerce plus tard le métier d'hôtesse d'accueil.
Quand ça ne va pas, qu'elle rencontre des écueils,
sa solution émotionnelle est prête, elle est triste, elle pleure.
Son patron se dit qu'une hôtesse aussi cafardeuse
ne remplit pas son rôle de façon très heureuse.
Alors il la convoque et il la vire.
Aussitôt, elle pleure et s'en va dire
à son mari que c'est terrible, qu'elle doit changer de travail,
et lui de répondre : « Moi aussi, j'en ai marre que tu piailles,
je te vire aussi, repars chez ta mère. »
L'épouse pleure de nouveau et trouve la vie amère,
elle se confie tristement à sa meilleure amie :
« Je n'aurai plus de travail, je n'aurai plus de mari. »
L'amie propose : « Je peux te présenter un bel homme blond,
sans trop de cheveux, pas trop grand, le visage assez rond. »
Là, la jeune femme hésite assez longtemps,
puis se remet quand même à pleurer abondamment.
Ce qui prouve qu'elle est très malade,
pauvre barque abandonnée, délaissée dans la rade.
Pourquoi est-elle restée tout à fait insensible
à ces arguments pourtant assez crédibles ?
C'est qu'elle ne peut, depuis la gifle de son père,
exprimer que la tristesse et jamais la colère.
L'amie ne pourra s'en sortir de façon sage,
qu'en disant : « À ta place, je ne serais pas triste mais je serais en rage ! »

Ainsi, les larmes qui constituaient pour la fillette une protection efficace sont devenues pour la femme à l'âge adulte une protection qui lui coûte cher, une sorte de racket affectif ; les sentiments parasites qu'elle exprime sont censés la protéger, mais ils constituent désormais le véritable problème. Ce sont les larmes qui font qu'elle se sentira incomprise ; on la croit triste, peut-être même qu'elle se croit triste, alors que son véritable sentiment est la colère.

De la même façon, le petit garçon qui a toujours obtenu ce qu'il voulait de sa mère en se livrant à des bouderies spectaculaires pourra se persuader que la bouderie est efficace. Mais qu'adviendra-t-il lorsque, sollicitant de sa partenaire favorite un signe d'affection et la voyant momentanément, tactiquement ou espièglement réticente, il se mettra à bouder ostensiblement ?

Peut-être la verra-t-il s'éloigner et hausser les épaules, il se dira donc logiquement qu'il n'en faisait pas assez et il boudera de façon encore plus besogneuse et appliquée. L'émotion affichée, fruit des injonctions reçues dans l'enfance, constitue un obstacle à la communication directe et spontanée. L'objectif pourra être de redevenir spontané. On n'est pas spontané, on le devient.

De l'émotion et de ses modes d'emploi

Savoir que l'émotion exprimée n'est qu'une technique d'expression
permet d'acquérir une louable tolérance à l'occasion
de certains comportements et dans certaines situations.
Ainsi, l'un de mes amis est copilote automobile
et bien qu'il ne soit pas spécialement malhabile,
il lui arrive de copiloter avec une telle effervescence,
qu'il effectue dans ses successifs véhicules à essence
quelques embardées malencontreuses ou incongrues
qui l'amènent à flirter avec certains talus.

Il arrive que son épouse lui interdise une course,
se métamorphose momentanément en lionne, en tigresse, en ourse,
avant de le laisser enfin partir vers ses plaisirs pervers.
Notre ami pourrait s'effrayer devant une telle colère,
mais sachant qu'un sentiment peut en cacher un autre,
il comprend que cette colère est celle d'un apôtre
qui, à cause de la qualité de son amour conjugal
et insuffisamment rassurée par son casque intégral,
cache l'intensité de sa peur
derrière une violente et apparente fureur.
Ainsi, apaisé, serein, amoureux et désangoissé,
notre ami peut reprendre en rêvant le chemin des fossés.
La joie, la colère, la peur et la tristesse
peuvent se remplacer indifféremment.
Celui qui devant nous exprime une grande colère
est peut-être triste ou seulement pas très fier.

Le mécanisme du racket

Comment fonctionne le mécanisme de remplacement ? Poil de Carotte a peur, il doit aller fermer le poulailler. Il ne peut pas fuir, Mme Lepic ne le laisserait pas entrer, il ne peut pas demander d'aide, M. Lepic refuserait, il tient à sa tranquillité. Aussi Poil de Carotte s'invente-t-il une histoire pour se donner du courage, il est un combattant courageux, les hautes herbes qui s'agitent dans la nuit sont des ennemis qu'il frappe avec fougue et victorieusement, tout en progressant au travers de leur foule ennemie. Cela le mène jusqu'au poulailler dont il ferme la porte, il revient en courant : sauvé de sa peur par la colère qu'il s'est inventée et qu'il a remplacée.

De la même façon, je suis joyeux, j'ai réussi un examen, je souhaite que ma joie demeure, je veux la partager, mais je suis presque seul à être reçu, je me dis à quoi bon les diplômes et les examens, peut-être ai-je perdu mon temps. À cette sensation de perte s'associe la tristesse et celle-ci remplace la joie.

Les émotions exprimées par des otages libérés ne sont pas toujours celles que l'on attendait. Ils semblent avoir désappris à sourire. Un enfant à qui l'on a toujours recommandé de faire contre mauvaise fortune bon cœur : « Tu as un bras cassé, tu as de la chance, tu aurais pu te casser les deux », se sentira obligé d'être gai pour être accepté.

Du racket à la collection de timbres

Il existe des gens qui semblent rire sans interruption,
éprouver et exprimer une joie tonitruante à toute occasion.
Sont-ils si heureux ? Leur extase est-elle permanente ?
Si cela se pouvait, leur stratégie serait tentante,
mais la joie elle aussi peut être névrotique :
un enfant qui n'échappait aux coups et à la trique
qu'à la condition impérative de se montrer souriant :
« Va dans ta chambre puisqu'il faut te punir,
tu reviendras quand tu auras le sourire »,
ou à qui l'on disait de se montrer aimable et avenant
pourra cultiver un tel souci des apparences et du masque
qu'on le trouvera en permanence aimable, gai et fantasque,
et seule une intuition qu'on dit féminine
pourra déceler derrière ces gestes et ces mimes,
telle ou telle inquiétude savamment socialisée,
une colère que le métier ou l'habitude ont civilisée,
une peur d'être rejeté, cachée avec habileté.
Un enfant peut même avoir appris,
en adoptant les comportements requis,
à ne pas exprimer du tout ses émotions.
Voyez l'histoire du père, du vélo et du petit garçon.

Une fille pourra être incitée à être hiératique et sévère :
« Je suis belle, ô mortels, comme un rêve de pierre. »
On sait donc qu'il existerait quatre émotions fondamentales,
que l'éducation porte à certaines un coup presque fatal
et qu'elles restent enfouies, encryptées, inouïes.
Mais n'est-ce pas plus commode ainsi ?
Exprimer sa colère devant son président
n'est pas forcément prudent,
et collectionner des sentiments inexprimés,
est-ce un si grand poids à traîner ?

De la collection de timbres aux bons cadeaux

Ce matin, je sors de chez moi, je heurte la poubelle de mon voisin qui l'a déposée devant mon allée. Je ne peux pas engueuler la poubelle, ça ferait mauvais effet, je ne peux pas engueuler le voisin, il est parti : sentiment de colère rentrée. Je rentre me changer et comme je suis en retard je vais prendre la voiture. Un peu nerveux, j'érafle la porte du garage, je ne peux pas engueuler la porte du garage malgré son hostilité évidente et son existence têtue, ça ferait jaser ; je ne peux pas m'engueuler moi, je n'y suis évidemment pour rien : sentiment de colère rentrée. J'entends mon épouse qui me hèle — Ça va, y'a rien de cassé ? —Non, ma chérie, tout va bien » confirmé-je en retour. Sentiment exprimé : la joie d'entendre ma moitié s'inquiéter de mon sort. Sentiment réel : la haine de voir que celle à qui je reproche volontiers sa façon de conduire me prend en flagrant délit d'incident.

Pour rattraper mon retard, je roule vite, M. l'agent me siffle. J'ouvre la vitre : « Bonjour, monsieur l'agent. » Sentiment exprimé : la cordialité timide, la considération pour la maréchaussée, sa vie dure et ses justes revendications, la joie profonde de voir un représentant de l'ordre assurer ses fonctions, fût-ce à mes dépens. Sentiment réel : la colère de me faire épingler alors qu'évidemment ce n'est pas ma faute, et quand je pense que je travaille pour nourrir ces fonctionnaires qui sont payés à me piquer des sous.

J'arrive à l'usine, la barrière est fermée puisque l'heure est passée. Je klaxonne. Il pleut. Le concierge ne veut pas ouvrir, fait signe de venir. Je sors : « Bonjour monsieur le concierge, dis-je en souriant. — Ah, bonjour, je ne vous avais pas reconnu de loin avec cette pluie sur mes lunettes. Mais ça ne fait rien, ça donne l'occasion de se serrer la main. » Sentiment exprimé : la compréhension. Sentiment réel : la colère de perdre du temps en ce moment avec ces rituels cérémonieux alors que je suis en retard.

Une fois au bureau, je n'ai droit qu'à des saluts rapides, tout le monde est déjà occupé : colère rentrée. Un collègue finit par m'avertir que le patron souhaite me voir : je me rends à son bureau. « Ah, bonjour, vous voilà enfin ! vous au moins vous savez profiter des horaires variables, c'est d'autant plus méritoire qu'ils ne sont pas encore instaurés à l'usine. » Oh patron ! Que d'humour ! Que d'humour ! Sentiment exprimé : la joie d'avoir un patron si malicieux, si facétieux. Sentiment réel : la colère de constater que, pour une fois qu'il arrive à l'heure, il a fallu que je ne le sois pas.

Pendant la journée, je réponds aux clients. Ils protestent, ils fulminent, je suis aimable, disponible, compréhensif et conciliant. Nombreuses colères non exprimées.

Le soir enfin, je vais pouvoir me défouler, je vais jouer avec les copains au football. Je joue gardien de but. Comme je suis énervé par toute ma journée, je rate des balles faciles et je broute les pâquerettes. Les copains me taquinent : « Essaie au moins d'en arrêter une ! » Je suis désolé, je ne suis pas en forme. Sentiment exprimé : la confusion, l'humilité. Sentiment réel : la haine que mon talent ne soit pas reconnu ce soir.

Je rentre à la maison, héros fourbu et déconfit. « Tes chaussures ! crie mon épouse, elles sont pleines de boue, mets tes chaussons. — « Oui, ma chérie. » Sentiment exprimé : la compréhension déférente. Sentiment réel : la haine de la voir s'intéresser moins à mon héroïsme sportif qu'à mes pieds. Recru de fatigue, je m'effondre dans mon fauteuil et demande à mon chien de m'apporter mon journal. C'est un énorme pitbull, il a senti quelque nervosité dans la maison, il a mâchonné la moitié du journal et bave sur le reste, c'est illisible, je ne peux le frapper, il mordrait. Sentiment exprimé : merci mon chien, gratitude. Sentiment réel : la haine.

Le petit dernier apporte son classement : « Regarde, papa, j'ai 18, là j'ai 18 aussi, y a que là que j'ai 5. » « Quoi, tu as 5 ! c'est un scandale », et le petit se prend une gifle monumentale qui bénéficie de l'élan qu'a pris mon bras depuis ce matin. J'ai fait collection de sentiments de colère et cela me donne le droit, en fin de journée, à un bon cadeau.

Le problème est bien sûr qu'un enfant fort peu coupable
vient de recevoir une gifle assez considérable
qui ne lui était pas spécifiquement destinée,
et qui va lui donner une vision erronée
des exigences scolaires et paternelles.
Faire collection de sentiments dans la vie professionnelle
pourra donc avoir des conséquences émotionnelles
sur la vie familiale ou plus généralement relationnelle.
Bien sûr, il est souvent extrêmement souhaitable
d'adopter des comportements respectueux ou sociables
et l'on ne peut faire toujours l'économie
d'un refoulement : la vie sociale a son prix.
Il conviendra donc, pour éviter l'ulcère psychosomatique
et les maux que l'on s'offre quand le corps est graphique,
de se trouver un sport comme exutoire,
ou un lieu spécifique où régnerait l'espoir

de pouvoir exprimer sans précaution excessive
les émotions tragiques, dramatiques ou jouissives
que dans la vie ordinaire
il est d'usage d'étouffer et de taire.
Convient-il dès lors par des stratagèmes obliques
de se rendre émotionnellement apathique,
d'acquérir une forme de sagesse bouddhique,
de voir dans l'émotion une intruse maléfique ?
L'émotion serait-elle le mal intégral,
ou faut-il la mettre sur un piédestal ?

L'émotion : positif ou négatif

D'après la littérature sur la question, il y aurait de mauvaises émotions : la peur, la colère, la tristesse ; et une bonne : la joie. Mais la joie, elle aussi, peut être destructrice. Il suffit d'évoquer ce que les leaders charismatiques ou pas ont fait faire aux foules en suscitant leur joie enthousiaste. Dans les domaines politique ou sportif, on trouverait des exemples de débordements tragiques.

Est-ce à dire que toute émotion serait dangereuse ? À cela s'ajouterait, comme nous l'avons dit, qu'une émotion peut en cacher une autre, et que l'émotion se révèle donc être un élément de confusion dans la communication avec nous-mêmes et les autres.

D'autant plus que ces émotions peuvent se combiner entre elles et donner ce qu'il est convenu d'appeler des sentiments. Avec un peu de colère et une pincée de « peur d'être abandonné », on fait la jalousie. Avec la « peur de l'autre » et la « colère contre lui », on fait la haine.

Avec un curieux mélange de peur et de joie, on fait la honte. Avec la « peur de désobéir » et la « colère contre la loi », on fait la culpabilité.

Danger et confusion, que peut-on tirer de bon des émotions? Cependant, elles sont assez généralement valorisées. Un article sur Fignon, après le Tour de France, disait que son échec et ses larmes lui avaient donné davantage d'humanité. Dans un autre domaine, les opinions politiques sont avant tout des sentiments sur lesquels on greffe après coup des idées pour essayer de s'en justifier : qui savait la différence entre les programmes de MM. Barre et Chirac? On juge sur ce que l'on ressent plus que sur des idées et il suffit d'imaginer une vie sans émotion pour la trouver froide, désincarnée, mécanique, technocratique.

La gestion de l'émotion

Dans sa biographie, M. Giscard d'Estaing attribue sa victoire de 1974 à sa célèbre formule : « Monsieur Mitterrand, vous n'avez pas le monopole du cœur. »

Si l'émotion est valorisée, c'est qu'elle nous met en prise
avec ce qui provoque en nous la surprise.
Elle nous fait accepter et intégrer le décalage
qui peut exister entre un concept et une image.
Par exemple, mon concept de tombeau
implique quelque chose de clos
d'immuable, de mort, de figé, d'immobile.
Si j'anime ce tombeau d'un mouvement subtil,
si j'en fais bouger les pierres et sortir des rats
puis Nosferatu ou autre Vampirella,
le concept est rongé, l'image s'y superpose,
j'ai peur et je grignote ou bien mon rire explose.
L'émotion est le signal d'un événement fantastique.
L'enfant en nous exprime que c'est la panique
ou au moins que l'adulte n'a pas sur le plan intellectuel
de quoi gérer cette situation nouvelle.

L'enfant en nous avertit de son trouble et de sa mobilisation.

À nous donc d'utiliser ce qu'il donne comme information.

À ce compte les émotions auront donc eu un rôle positif et limité. Elles constituent une source d'énergie et un radar qui, même parasité,

fournit une base de départ à notre action,

si l'on sait l'analyser avec attention.

En conclusion, avant de maîtriser nos émotions ou au lieu de le faire, ça vaut peut-être la peine de les écouter, de savoir laquelle on m'a appris à exprimer, de repérer celle que l'on refoule.

Il ne s'agira plus, de cette façon, d'échapper aux implications coûteuses en énergie en se transformant en apathique témoin. Il ne s'agira pas d'ordonner nos élans du cœur en plans quinquennaux, mais d'apprécier plus encore la valeur, le sens d'un regard enfantin qui boit le premier matin du monde ou les mouvements des corps qui se tordent au vent imaginaire du plaisir.

L'émotion, ça peut donc être utile comme radar ou comme source d'énergie. Darwin disait déjà pour montrer leur utilité que la colère effraie l'adversaire à cause des mimiques dont on l'accompagne et que, dans la peur, la moiteur des mains facilitait la préhension des branches par nos ancêtres simiesques.

L'émotion est une brise ou une tempête et il n'est de vent favorable que pour celui qui sait dans quel port il se rend.

Entraînez-vous

Identification d'un éventuel racket

À supposer que j'arrive à un rendez-vous à l'heure convenue et que je m'y retrouve seul : quel serait mon sentiment ?... En principe, le premier qui vient à l'esprit pourrait être un sentiment racket : celui que j'exprime le plus volontiers et qui peut en recouvrir d'autres.

Si la première idée qui me vient à l'esprit est un comportement plutôt qu'une émotion (par exemple : je retourne chez moi, je pense à...), je pourrai me demander si je n'ai pas appris à me distancier de mes émotions, à les rationaliser. Ne suis-je pas méfiant à l'égard de ce qui relève de l'affectif ?

Exprimer ses émotions

L'exercice peut se pratiquer en groupe de vingt-cinq personnes, il est plus vif et plus agréable en groupe de douze ; il peut se pratiquer seul ou avec la compagnie attentive d'un magnétophone.

Comment procéder

Chaque participant inventera une phrase courte qui devra être prononcée en public.

Par exemple : « J'entends des voix venues d'ailleurs. »

On fait un premier tour de table en demandant à chacun de prononcer sa phrase de la façon habituelle ; 2e tour avec une voix grave, 3e avec une voix aiguë, 4e avec une voix chuchotée, 5e avec la voix la plus forte possible, 6e en exprimant la peur, 7e en exprimant la tristesse, 8e la colère, 9e la joie, etc.

Cet exercice est assez ludique, les commentaires et les réflexions pourront porter sur ce qui a été le plus difficile, sur les connotations des différentes voix, sur ce que l'on s'interdit et sur ce qui fait plaisir ainsi que sur les vertus de la catharsis, du psychodrame et de la théâtralisation.

Expression des émotions (seul ou en public)

Lire un texte (certains poèmes de Prévert se prêtent bien à ce genre d'exercice) en commençant de la façon la plus douce et en augmentant l'intensité à chaque vers jusqu'à un paroxysme de violence ; baisser ensuite l'intensité jusqu'à l'apaisement du silence.

Travail sur les collections de timbres en groupe

Si le groupe est composé de douze personnes, on le divisera en trois sous-groupes A, B et C. A préparera un jeu de rôle pour B, B pour C, et C pour A, en définissant les rôles de chacun et en leur fournissant éventuellement des consignes individuelles et secrètes.

La scène pourra être à thème professionnel ou pas ; le seul point obligatoire est que, pour l'un des personnages au moins et peut-être pour deux, on arrive au moment où la moindre étincelle va mettre le feu aux poudres.

L'un des personnages va-t-il solder sa collection de timbres et s'offrir un « bon cadeau » ?

Quelles conséquences cela a-t-il eu sur les protagonistes ? Quelles autres transactions étaient possibles ?

Que dire de la symbiose, de la passivité et des méconnaissances

La symbiose

Il y a symbiose lorsque deux partenaires tissent une relation dans laquelle ils forment à eux deux un PAE complet.

Exemple :

Mère Fils 3 états du moi potentiels + 3 états du moi potentiels = 3 états du moi actifs

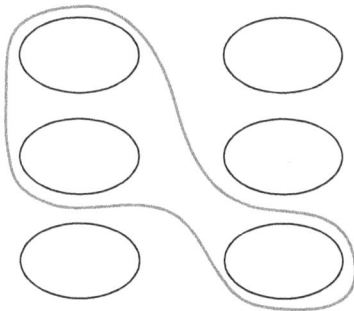

3 + 3 = 3

C'est apparemment l'équation du bonheur : ne faire qu'un quand on est deux. C'est l'état de dépendance normal entre la mère et l'enfant. Une situation qui constitue le premier modèle d'expérience du bonheur que nous ayons eu, une situation qui s'est répétée sous la forme de caresses, d'allaitement, de soulagement de la détresse. Nous pouvons donc être tentés de retrouver ce mode de comportement pour être heureux, et dépenser beaucoup d'énergie pour nous maintenir dans une relation symbiotique avec un autre partenaire, un conjoint, un patron, un subordonné, une idéologie, une religion, un métier, un divertissement répétitif, la télévision.

Si les partenaires se complètent, ils cherchent à maintenir la relation.

Les quatre méconnaissances

Pour conserver cette symbiose qui nous offre la sécurité, mais ne nous permet qu'un développement partiel dans le cadre d'un contrat implicite de dépendance, il nous faut méconnaître la réalité.

C'est-à-dire d'abord méconnaître les faits : bébé pleure mais comme je ne suis pas bien sûr de l'avoir entendu là-haut dans sa chambre, je ne me déplace pas, peut-être mon épouse aura-t-elle l'ouïe plus fine et je reste en symbiose avec ma télévision.

Même si j'entends bébé crier, je peux me dire que c'est bon pour ses poumons, qu'il vaut mieux ne pas l'écouter quand il crie, parce que ça lui donnerait l'idée de recommencer, que de toutes façons il crie tout le temps et quand il sera fatigué il s'arrêtera ; je reconnais les faits, mais je méconnais le problème.

Il crie vraiment très fort, la télé est à fond, je l'entends toujours, il est tout rouge ou tout bleu mais qu'est-ce qu'on peut faire dans ces cas-là ? Convient-il de le bourrer de camembert, de scotcher son orifice buccal ? Je méconnais les solutions.

Bien sûr, il faut à peine réfléchir pour décider que je dois le changer ou le nourrir ou le prendre dans mes bras, mais je ne sais pas faire ça, je pourrais lui faire mal : je méconnais mes aptitudes à mettre en œuvre le changement. Mon bénéfice dans ces quatre étapes est que je reste en symbiose avec ma télé.

Les formes de la passivité

Quand la rupture de la symbiose mère-enfant a été mal assurée, brutale, tardive, précoce, le désir de la retrouver nous incite à trouver le complément de notre personnalité mutilée. La condition pour y parvenir, c'est de méconnaître les faits, les problèmes, les solutions ou nos aptitudes à les mettre en œuvre.

Le mécanisme peut en être la redéfinition (comprendre comme ça nous arrange), la dévalorisation (minimiser un fait, un problème, la valeur d'une solution), l'exagération (un problème est insurmontable, telle personne est indispensable). Ces mécanismes permettent la passivité, qui peut prendre cinq formes.

Abstention

Un des ouvriers de cette entreprise agroalimentaire a une consommation de vin tout à fait excessive à l'occasion des pauses officielles ou de celles qu'il s'octroie. Le chef d'atelier préfère ne pas le voir. Ça ne fait pas de vagues, il reste en symbiose avec son service en restant passif.

Agitation

J'ai un devoir surveillé à réviser. D'abord je nettoie la table, je fais la vaisselle pour avoir de la place, je me fais du café pour pouvoir me tenir éveillé, je vais chercher des filtres chez le voisin, je prépare mes dossiers, je trie les cours, j'identifie ceux que j'ai séchés, je me les procure… Je m'agite au lieu d'agir, quand je me mettrai à réviser il sera bien tard. J'ai une bonne excuse pour rater mon devoir surveillé : je n'ai matériellement pas eu le temps de le préparer. Mon mauvais résultat est prévisible, il ne remet pas en cause ma valeur, l'idée que j'ai de moi-même.

Suradaptation

Je suis d'une famille aisée, étudiante dans une grande école de commerce. Mon ami est de milieu modeste, il fait un DUT Génie mécanique. Comme je l'aime beaucoup, je lui fais un cadeau le jour de la saint Parfait ; il me remercie, mais le ton qu'il emploie n'est pas aussi chaleureux que je l'espérais. Il a l'air un peu déçu, peut-être mon cadeau ne lui a-t-il pas plu, il s'est dit que je le connaissais mal pour n'avoir pas deviné ce qu'il voulait ; je lui en achète un autre plus beau et plus cher qui ne paraît pas lui plaire davantage.

Son problème à lui, c'est qu'il s'est dit à chaque fois : « Elle me fait des cadeaux splendides, moi je ne peux même pas lui rendre, je n'ai pas d'argent, nous sommes de milieux vraiment très éloignés. » J'ai méconnu la réalité, je me suis suradaptée en offrant un deuxième cadeau.

Incapacitation

Je dois passer le bac, j'ai peur, j'ai l'estomac noué. J'ai tellement mal que l'on appelle le médecin, c'est peut-être l'appendicite. Dans le doute, hospitalisation en urgence, opération. Oublier de mettre son réveil, se tromper de lieu ou de jour, s'offrir une maladie psychosomatique sont des formes d'incapacitation.

Violence

Un copain de classe que je n'apprécie que fort rarement, et surtout quand il n'est pas là, me félicite de mon nouveau costume. Un peu étonné, je me rengorge et prends ma pose la plus virile. Il me demande alors si l'on fait les mêmes pour homme. Sa voix de fausset m'horripile, les autres se paient ma tête. Je l'injurie, violence. Mes épigrammes approximatifs font redoubler l'hilarité générale. Je ne sais plus quoi dire, je le bouscule, il résiste, je le renverse et je le piétine sauvagement avec les talons de mes nouveaux mocassins verts.

Exemple

Une étudiante en gestion reçoit comme sujet de stage : « Étudier les caractéristiques de l'absentéisme dans un atelier d'une entreprise textile de la région du Nord, et éventuellement proposer des remèdes à la situation ».

Elle commence par mettre en fiche des renseignements tels que l'âge, l'ancienneté dans l'entreprise, le nombre d'enfants, le lieu d'habitation, la durée du trajet, le mode de locomotion.

Le traitement des fiches ne révèle aucune corrélation particulière, tout le monde s'absente, et les absences ne dépendent pas de l'un ou de plusieurs de ces facteurs.

Dans un deuxième temps, elle se propose de bâtir un questionnaire et de le soumettre aux ouvrières concernées : combien d'absences ces trois derniers mois ? Quelles en étaient les causes ? Le taux de réponses a été très faible et l'intérêt des réponses fort discutable, « Absente pour maladie » étant la réponse la plus fréquente.

Réfléchissant sur sa technique d'approche du problème, l'étudiante a pu y déceler un désir de l'aborder par écrit et par les chiffres plutôt que par le contact direct. Prudence à l'égard d'un milieu qu'elle connaissait mal, situation de stagiaire, volonté de ne pas faire de vagues, c'est-à-dire de sauvegarder la symbiose avec son entreprise d'accueil en restant passive, en méconnaissant des possibilités d'intervention plus implicantes.

Ayant pensé tous ces faits, et se trouvant fort dépourvue pour rédiger son rapport pour la période prévue, elle sollicita auprès de la contremaîtresse l'autorisation d'interviewer les filles de l'atelier : elle sortait de sa passivité à elle, caractérisée par de l'abstention (ne rien faire) et de la suradaptation (en rajouter sur le raffinement des critères fichés), pour s'occuper désormais de la passivité dans l'atelier qui avait pris la forme de l'absentéisme.

« On est absentes parce que le médecin ne veut pas reconnaître qu'on est malades. On pousse des wagonnets de laine toute la journée. Le matin ça va, mais le soir c'est beaucoup plus dur, alors on pousse avec l'épaule ou avec la hanche, et le lendemain on est courbatues, alors on ne vient pas. »

Ces informations recueillies lors d'une première rencontre étaient intéressantes et recélaient une incongruité : pourquoi les wagonnets seraient-ils plus difficiles à pousser le soir que le matin ? Vérification faite au dynamomètre, pour sortir de la méconnaissance des faits : il faut effectivement une poussée beaucoup plus importante le soir que le matin. La raison en est que de la laine se glisse dans les roues du chariot et que le service de maintenance n'intervient pour l'enlever que la nuit.

Les filles sont informées, lors d'une deuxième réunion, du résultat de l'enquête : il n'y a plus de méconnaissance des faits, ni de méconnaissance du problème ; reste à trouver une solution. L'atelier est invité à formuler ses propositions et l'une des participantes indiqua, solution toute féminine, que l'on pourrait habiller le chariot d'une sorte de jupe afin que la laine ne se glisse plus dans les engrenages. La solution est essayée. Compte rendu la semaine suivante : la laine, qui a des mœurs assez perverses, passe sous la jupe et le système n'a pas toute l'efficacité souhaitable. Le groupe, que l'on écoute et qui a pris confiance, s'intéresse à la question et propose d'habiller le chariot d'une jupe plus rigide en caoutchouc.

Le système a fonctionné, sauf que la laine, faute d'aller dans les roues, s'accumule en bourrelets devant la jupe, il faut les enlever de temps en temps et ce n'est pas très pratique.

La solution serait peut-être de ne pas mettre de laine par terre quand on a des problèmes sur les machines, il suffirait de la jeter dans une poubelle. La solution essayée aurait pu fonctionner, mais il fallait faire des slaloms entre les poubelles avec les chariots et ce n'était pas satisfaisant.

Lors de la réunion de la semaine suivante, l'une des filles réfléchit que s'il ne fallait pas mettre de laine par terre, et qu'on ne disposait pas de poubelle, il suffirait de la mettre dans les poches ; il faudrait de grandes poches – et si l'on mettait des tabliers ? Les filles ont désormais des tabliers avec deux grandes poches, l'une pour la laine perdue, l'autre pour la laine récupérable. Elles ont été gratifiées d'une prime, ce qui n'est pas cependant l'usage dans le cadre de ce qui était devenu un cercle de qualité, et l'absentéisme a diminué.

Les faits, les problèmes, les solutions et les aptitudes du personnel à les mettre en œuvre n'étant plus méconnus, l'atelier sortait de sa passivité.

Dans le cadre des réunions hebdomadaires, les signes de reconnaissance échangés entre l'animatrice et les filles de l'atelier, et par les filles entre elles, les transactions parallèles et égalitaires d'Adulte à Adulte et d'Enfant à Enfant lors de réunions confiantes et créatives faisaient que la passivité aurait été plus coûteuse que l'activité, les attitudes de retrait ou les jeux de Victime ou de Persécuteur n'auraient plus reçu dans cette dynamique de groupe nouvelle les signes de reconnaissance gratifiants escomptés.

Ce qui nous permet de généraliser sur quelques possibilités d'évolution dans les cas où l'on est confronté au problème difficile de la passivité.

- L'objectif de celui qui est passif est de sauvegarder une symbiose qui constitue une sécurité, celle des situations prévisibles, il s'agit de se prémunir contre l'intrusion inquiétante de l'insolite et du nouveau.

- Faire des vagues ou ne pas faire de vagues constitue des objectifs parasites par rapport à la volonté de résoudre un problème.

- L'étudiante que sa passivité momentanée (manier les chiffres, établir un questionnaire) plaçait dans une situation plus coûteuse que l'activité, puisque ses résultats ne lui permettaient pas de rédiger un bon rapport, est sortie de la symbiose.

- Les ouvrières que leur passivité sous forme d'absentéisme mettait dans une situation coûteuse (risque de licenciement, absence de satisfaction professionnelle, signes de reconnaissance négatifs) ont préféré être actives dans leur cercle de qualité.

- On pourrait être tenté de dire à une personne passive : « Si tu ne veux rien faire, je ne ferai rien non plus. » Le risque dans ce cas serait d'inciter la personne considérée à conclure que la passivité est bien une arme efficace puisqu'on l'utilise contre elle.

- La difficulté pour sortir quelqu'un de la passivité est quelquefois accrue par le fait que l'économie d'énergie enregistrée par cette personne dans un domaine donné, par exemple professionnel, lui permet ailleurs de se montrer tout à fait efficace et de trouver à profusion des signes de reconnaissance satisfaisants.

Entraînez-vous

Identification des passivités personnelles – Recherche individuelle

Lorsque j'ai une activité à accomplir et que je n'en ai pas envie, par exemple un cours à réviser, un coup de téléphone à donner, une tâche à exécuter, une démarche à faire, suis-je tenté :

- de me lever tard, de me sentir mou, sans force et sans vigueur (abstention) ;
- de faire des tas de choses avant, de constater une brusque, regrettable et agaçante accumulation de contretemps et d'imprévus (agitation) ;
- de lire quinze ouvrages avant d'écrire la moindre lettre, de surpréparer une activité (suradaptation) ;
- de détecter en moi les prémices d'une maladie qu'il convient de prendre au sérieux, de prendre une potion quelconque avant de m'atteler à la tâche à cause d'un sentiment de malaise (incapacitation).

La colo

Analyser à l'aide des concepts de symbiose passivité et méconnaissance l'anecdote suivante, avant de consulter les propositions de réflexion qui figurent à la suite de l'histoire.

Un directeur de colonie de vacances sortant de son bureau vers neuf heures s'aperçoit que les moniteurs et les monitrices n'ont pas encore pris en charge leurs groupes d'enfants respectifs : les enfants sont en groupes informels en train de jouer, de se battre, d'errer. C'est la pagaille alors que les animateurs sont ensemble et jouent au volley-ball (1), ostensiblement (2).

Le directeur aux animateurs : — Vous comptez prendre les enfants en charge quand il y aura combien de blessés ? (3)

Un animateur : — On leur a proposé des activités, mais ils ne veulent rien faire, on voit bien que ce sont des gosses d'un milieu défavorisé ; alors on joue au volley en attendant qu'ils se décident. (4)

La situation ne peut pas durer. Mis à part les quelques enfants qui regardent plus ou moins le match, les autres ne sont pas en sécurité (5).

Le directeur réunit tout le monde assez sèchement, il demande aux animateurs de proposer aux enfants une activité. Les animateurs font une description des activités. Beaucoup d'enfants en choisissent une (6).

Reste une dizaine d'enfants irréductibles qui ne s'intéressent à aucune activité présentée.

- Il faut toujours jouer, on peut jamais s'amuser.
- Qu'est-ce que vous voudriez faire ?
- Rien, on est en vacances (7).
- D'accord, vous avez le droit de ne rien faire, une chose est obligatoire, c'est que vous soyez en sécurité, donc chacun de vous va rejoindre une équipe pour que l'animateur vous voie, et vous ne ferez rien tant que ça ne vous fera pas plaisir. Prévenez votre animateur que vous avez décidé pour l'instant de ne pas participer (8).

Le résultat est que les réfractaires à l'activité sont séparés. Par exemple douze enfants font du macramé et un autre regarde plus ou moins ; le lendemain, il demandera lui aussi du matériel et s'y mettra (9).

Jeux de rôles

Cette histoire ne prétend pas donner le comportement du directeur comme un modèle : n'aurait-il pas pu faire autrement ?

On pourra imaginer, après analyse de la scène ou au lieu de l'analyser, de concevoir un jeu de rôles qui permettra d'analyser ensuite la dynamique d'une réunion et la conduite de celle-ci.

a) Le directeur (éventuellement les animateurs) discute avec les enfants dont l'hostilité aux activités peut être plus ou moins marquée et plus ou moins véhémente.

b) Une réunion des animateurs avec le directeur le soir après les événements. Chaque participant pourra choisir un rôle d'intervenant :

- de style débat technique : qu'est-ce qu'on fait si ça se reproduit ? Comment agir avec Untel qui n'arrête pas de… ? Qu'est-ce qu'on fait demain ?
- de style débat idéologique : ce qu'on a fait, c'était du chantage ou de la pédagogie… ?
- de style conflit personnel : si tu prends les gosses comme ça, c'est que tu en as peur ! Pourquoi est-ce que tu les méprises autant ? Ce que tu dis, c'est ta démagogie habituelle.

La colo : propositions de réflexion

1. Attitude d'abstention de la part des animateurs qui utilisent malencontreusement la passivité pour réagir à celle qu'ils prêtent, peut-être à juste titre, aux enfants.

2. Les animateurs jouent ostensiblement, ce qui constitue sans doute une demande de symbiose à l'égard du directeur, afin qu'il prenne en mains cette situation bloquée. Ils ont choisi l'épreuve de force avec les enfants.

3. Transaction cachée du directeur : apparemment Adulte-Adulte. En fait, suivant le ton donné, Parent-Enfant, ou Enfant-Enfant, humour ou ironie. Les animateurs sont peut-être culpabilisés. Leur passivité devient coûteuse.

4. L'animateur tente une rationalisation de leur comportement pour sauvegarder une complicité au moins intellectuelle avec le directeur. Il choisit une posture de victime et sollicite une attitude complémentaire de sauveur de la part du directeur.

5. Reconnaissance des faits et du problème.

6. Mise en œuvre d'une solution. L'attitude Parent Normatif du directeur rend la passivité coûteuse. Elle engendre une attitude d'Enfant Adapté Soumis (agitation ou suradaptation peut-être) chez la majorité.

7. Effort un peu bref pour dialoguer de façon Adulte-Adulte de la part du directeur. Passivité maintenue (violence relative) de la part des enfants.

Directeur Animateurs Enfants

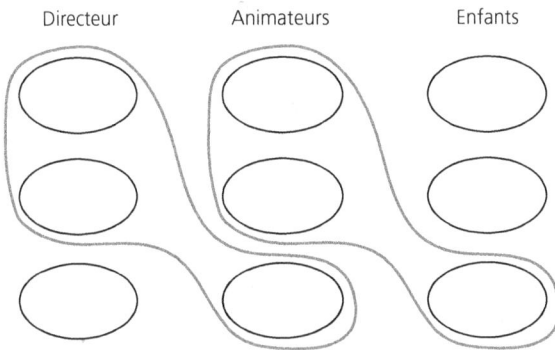

8. Solution du directeur : isoler, briser la solidarité, la dynamique négative qui s'est instaurée. Un effort de rationalisation et un souci de permettre aux récalcitrants de sauver la face. Le risque n'était pas mince avec d'autres interlocuteurs d'obtenir ici une surenchère, les signes de reconnaissance échangés étant pour le moins ambigus, et l'objectif donné comme horizon gratifiant (la sécurité) n'étant guère susceptible de provoquer l'enthousiasme de l'enfant libre.

9. En l'occurrence, la passivité étant devenue fort inconfortable pour les animateurs et pour les enfants, tout est rentré dans l'ordre, mais qu'ont appris les participants : il faut se remettre en question ? Mieux présenter les activités le matin ? Tenir compte de la demande des enfants qui était moins une critique qu'un mode d'expression d'une insatisfaction ? Se contentera-t-on de se réjouir du fait qu'il n'y ait plus de vagues et d'entrer dans une nouvelle symbiose en cascade qui ne sera pas nécessairement épanouissante pour chacun ?

D'où l'intérêt de bien mener la réunion proposée en exercice.

Formes de méconnaissances

Après avoir inventé une situation symbiotique qui risque d'être perturbée, on imaginera quatre formes de méconnaissances qui pourraient advenir.

Objectif : s'habituer à les repérer dans la vie de tous les jours.

Par exemple, le chef d'atelier, dont un des employés a tendance à boire et qui méconnaissait les faits, pourra dans un deuxième temps admettre : « Oui, il boit pas mal, mais c'est normal, c'est un métier difficile, il fait très chaud, le travail est pénible. » Il méconnaissait le problème.

Dans un troisième temps, il pourra se dire : « C'est vrai, il boit trop, mais qu'est-ce que je peux y faire, c'est sa vie privée, les autres vont le soutenir, il travaille à peu près bien, il n'a pas encore eu d'accident. » Il fait preuve de méconnaissance des solutions.

Plus tard, ayant reconnu les faits et le problème, il pourra concéder qu'il faudrait le licencier, l'inciter à faire une cure, lui parler du problème ; mais il ne se voit pas en train de le faire car cet ouvrier a trente ans de maison, c'est son voisin, il a six enfants : méconnaissance des aptitudes à mettre en œuvre le changement.

Enfin, si la solution est mise en œuvre, on sortira de la symbiose, de façon positive ou pas.

Comment s'organisent les positions de vie

Comment peuvent s'articuler les six concepts rencontrés jusqu'ici avec le septième ?

Imaginons un enfant qui est l'aîné de trois. On lui dit volontiers : « Toi, tu es grand, tu ne fais plus de bêtises, tu es sérieux. Occupe-toi de tes petits frères, fais attention à eux. »

Ces messages sont fréquemment répétés. Cet enfant développe un fort Parent Nourricier puisque c'est en branchant cet état du moi qu'il obtient les signes de reconnaissance positifs conditionnels qui lui sont nécessaires.

Par habitude, par goût, il cherchera à entretenir avec ses interlocuteurs des **transactions inégalitaires** dans lesquelles il tiendra le rôle de Parent Protecteur. Il cherchera donc à s'entourer de gens qui auront besoin de lui ou à qui il s'efforcera de faire croire qu'ils ont besoin de lui.

Cela le conduira à **structurer son temps** avec de l'activité au service des autres, dans la recherche de l'intimité, ou éventuellement dans des jeux où il sera bien tenté par le rôle de Sauveur pour pouvoir prendre en charge les autres, même ceux qui ne le lui demandent pas et retrouver la posture d'interaction qui lui est familière.

Cette attitude lui imposera, par exemple, de ne pas exprimer ses sentiments de colère, mais de se montrer plus volontiers doux, attentif et généreux. Il développe donc **un racket** de joie et collectionne les **timbres** de colère qu'il gérera au mieux en pratiquant un sport de combat ou en s'offrant de temps à autre une rage excessive, gauche, déplacée, dont il aura honte et qui le confirmera dans l'idée qu'il ne faut pas se mettre en colère.

Son souci sera donc de constituer des **symbioses** avec les Enfants Adaptés Soumis ou, à la rigueur, Adaptés Rebelles qu'il pourra trouver. Pour sauvegarder celles-ci, il vivra des **méconnaissances**. Il méconnaîtra, par exemple, le fait qu'il pourrait penser à lui et ne pas oublier systématiquement les désirs de l'Enfant en lui pour donner la priorité aux désirs des autres ; il pourra méconnaître le désir des autres qu'on leur lâche un peu les baskets, qu'ils puissent accéder à l'autonomie.

Sa **passivité** consistera donc à une suradaptation au désir des autres, un souci de faire plus que ce qui est demandé, d'en rajouter en ce qui concerne la disponibilité, la bonté, le dévouement.

Cet ensemble de données contribue à la construction du **scénario** d'une vie et confirme une position de vie qui pourra être en l'occurrence : « Je m'accepte comme je suis, je rends service, je suis

utile et les autres ont bien besoin de moi, ils sont fort à plaindre. »
Ou, à l'inverse : « Je ne sais pas ce que je veux pour moi, je ne
vaux rien, les autres m'exploitent, ils auraient tort de se priver. »

Est-il besoin de préciser que cet itinéraire est tout à fait schématique
et destiné seulement à illustrer le lien entre ces différents concepts ?

Les quatre positions de vie

Il existe quatre positions de vie que l'on présente souvent de la
façon suivante :

+ – (OK/Non OK)	+ + OK/OK
Je m'accepte comme je suis et je n'accepte pas l'autre comme il est ; je me survalorise et je dévalorise l'autre.	Cette position ne signifie pas « tout le monde il est beau, tout le monde il est gentil », mais je m'accepte sans méconnaissance et j'estime qu'avec l'autre, je peux avoir des rapports constructifs.
Devant un problème, je cherche un coupable et le coupable, c'est l'autre. Je l'attaque, *c'est ta faute ;* je le chasse ou je l'élimine.	Devant un problème *je cherche une solution,* une synergie, une coopération.
Attitudes de domination et d'agressivité.	
Les événements sont traduits en termes de pouvoir.	Les événements sont gérés avec une attitude de gagnant.
Les sentiments qui me caractérisent : le mépris et la pitié, la colère.	Les émotions sont celles de l'Enfant Spontané : peur, joie, colère, tristesse.
– – Non OK/Non OK	– + Non OK/OK
Je ne suis peut-être pas terrible, mais les autres, c'est pas mieux.	Je me dévalorise et je survalorise l'autre.
Il n'y a rien que l'on puisse faire.	Devant un problème, je cherche un coupable, et le coupable, c'est moi.
Devant un problème, je cherche un coupable, et c'est tout le monde, *c'est notre faute.*	Je prends la fuite, *c'est ma faute,* j'ai des envies de suicide.
Attitudes d'abandon, de résignation.	Mes admirations sont d'admiration, de honte, de culpabilité.
La Tentation n'est pas le suicide ou l'homicide, mais la folie. Les événements sont observés en spectateur résigné.	Les événements sont traduits en termes d'amour.
L'attirance improductive et autodestructrice pour les voies de garage provoque des sentiments de dérision, d'indifférence.	Les sentiments qui me caractérisent : la peur, la tristesse.

Si l'on ajoute un troisième signe algébrique aux deux premiers, il permettra de définir, outre le rapport à soi (je), le rapport à l'autre (tu) et le rapport à l'entourage lointain (il).

OK Corral – Concept de Franklin ERNST
Schéma d'après Dominique Chalvin (voir bibliographie)

	+ − + − +	+ + + + +	
+ − −			+ + −
− − +			− + +
	− − − − −	− + − − +	

Exemple

+++ À 20 ans, je suis éducateur spécialisé, j'ai le sentiment d'être motivé et efficace (+), l'institution va me donner les moyens et les facilités pour bien faire mon métier (2e +) et les gosses que j'ai sous ma responsabilité peuvent s'en sortir, il suffit de les aider, ils ont des qualités (3e +). Je suis constructif.

++− À 25 ans, je me sens plus proche des enfants et moins en harmonie avec l'institution. Je suis toujours un bon éducateur (+), les enfants sont bien (+) et j'ai tendance à dire avec eux beaucoup de mal de l'institution (−). Je flatte l'enthousiasme proche en dénigrant l'entourage lointain. J'ai tendance à la démagogie.

+−+ À 30 ans, je me suis penché davantage sur les aspects financiers et institutionnels. Je suis toujours un bon éducateur (+), mais l'institut ne me donne pas les moyens (−). Pourtant, les enfants le méritent (+). Je deviens militant.

+−− À 35 ans, j'estime de plus en plus être compétent (+), mais l'institution ne me donne pas les moyens (−) et, de toute façon, les délinquants sont mal partis (−). Je deviens solitaire et je finis ma carrière dans les tâches administratives. Si mon opinion de moi-même est négative, l'évolution peut être différente.

−++ Je suis éducateur, mais je suis dépassé par les événements, les gosses sont beaucoup trop délurés pour moi, et pourtant les autres éducateurs, eux, s'en sortent bien. Je suis triste.

−+− Heureusement que Jacques m'aide ; en fait, il fait tout à ma place, moi je n'y arriverais pas sans lui avec tous ces petits monstres. Je deviens servile ou serviable.

−−+ Mon travail est pénible et mal payé, je suis bien à plaindre (−), les autres éducateurs aussi (−). Quand je pense aux techniciens ou aux commerciaux, ils ont un beau métier, eux (+). Je donne dans l'aigreur et l'envie.

−−− Je suis un éducateur navrant pour des gosses tarés dans une société pourrie. J'y suis résigné. Ce qui permet de terminer cette illustration sur une note gaie.

Accéder au ++ est un objectif valorisé par l'analyse transactionnelle, il s'agit d'une attitude volontariste, d'un choix délibéré.

Chacun d'entre nous connaît toutes ces positions. Nos positions de vie peuvent varier suivant le contexte, le type de personnes ou de situation dans lequel on se trouve.

On peut être ++ avec les copains, −+ avec son patron, +− avec son chien et −− quand on discute avec un supporter désabusé de l'équipe de football argentine.

Certains auteurs prétendent que les enfants sont ++ et que c'est l'éducation qui peut les faire changer de position. D'autres prétendent qu'ils sont −+ et qu'il s'agit de les faire accéder au ++.

L'essentiel semble être d'accéder au ++ réellement sans faire semblant, sans méconnaissance. Dépenser beaucoup d'énergie pour avoir l'air d'être OK tout en ne l'étant pas pourrait être un racket de joie.

En fonction des signes de reconnaissance que nous avons reçus dans notre passé, une position de vie, une image de nous-mêmes s'est ancrée en nous, à laquelle nous revenons le plus volontiers dans certaines situations caractéristiques. L'exercice suivant permet de repérer nos tendances principales.

Entraînez-vous

Mode d'emploi

Vous disposez de dix points à répartir inégalement sur les phrases a), b), c) et d) en fonction de votre réaction.

Par exemple, j'accorde sept points à b) si ça me correspond très souvent; 3 points à c) parce que ça pourrait arriver et zéro aux deux autres, ou toute autre répartition qui vous agrée.

Répétez l'opération pour les huit situations suivantes.

Propositions : positions de vie

1. Avant de partir en stage en entreprise, je me dirai plutôt :

   a) « J'ai peur d'y aller car j'ai l'impression de ne savoir rien faire, alors qu'ils ont une technologie de pointe. »

   b) « C'est pas utile, l'entreprise est ringarde et je ne pourrai rien faire pour eux. Je suis encore plus nul en microprocesseur qu'en orthographe. »

   c) « Le sujet de stage qu'ils me proposent est dans la ligne de ce qu'on a appris cette année, le responsable de stage est sympathique. »

   d) « J'ai une formation de pointe et tout ce qu'ils trouvent à faire, c'est de me donner un travail de câblage, c'est pas vrai, ils ne se rendent pas compte. »

2. Au cours d'un examen, ma réaction :

   a) « Je suis trop lent et les sujets sont inadaptés. »

   b) « Moi j'ai réfléchi et j'ai compris le cours, mais le prof, ce qu'il lui faut, c'est du par cœur. »

   c) « Je vais encore me prendre une piteuse, j'ai pas le niveau, il y en a qui sont forts et qui finissent même avant l'heure. »

   d) « Intéressant le sujet, j'ai l'impression d'avoir réussi et j'ai apprécié. »

3. Des copains ont organisé une soirée, à la fin, je leur dirai plutôt :

a) « C'était assez sympa votre petite soirée, vous vous en êtes assez bien sortis quand même. »

b) « La prochaine fois que vous refaites une soirée pour tristes et handicapés du 3e âge, vous me prévenez, j'adore ! »

c) « Oh, ce que c'était bien ! Vous avez dû en passer du temps à préparer, j'aurais jamais su faire ! »

d) « Ce que j'ai aimé dans cette soirée, c'était ton choix de musique et les gens que tu m'as fait connaître. »

4. On a entamé un travail en commun. Je me dis que :

a) « Je les laisse décider, je vais encore m'embrouiller, je ferai ce qu'ils me diront. »

b) « Je vais centraliser les infos, il faut un organisateur, autrement, ça va être la pagaille avec eux. »

c) « Pour avancer, je vais lui donner mes informations et lui demander les siennes, comme ça il me répondra. »

d) « Je ne vois pas pourquoi je coopérerais, ça me fatigue, et de toute façon, avec une équipe pareille ! »

5. Quelqu'un passe devant moi sans raison dans une file d'attente :

a) « Je lui demande clairement et fermement de passer derrière. »

b) « Je m'écrase, il a l'air méchant. »

c) « Je l'injurie copieusement. »

d) « Je laisse tomber, pour ce que ça me fait. »

6. Notre équipe a gagné :

a) « C'était un bon match, pas mal d'automatismes sont au point. »

b) « Heureusement que j'étais là. »

c) « J'étais pas dans un bon jour mais vous étiez là, alors ça c'est pas vu. »

d) « Heureusement qu'ils étaient nuls parce qu'on a été mauvais. »

7. Un jeune qui vend une revue ou un recueil m'aborde en disant : « Vous n'avez rien contre les jeunes ? » :

a) « Si j'en ai le temps, je feuillette la revue et je pose des questions avant de me décider. »

b) « J'achète sa revue parce que je n'ose pas refuser. »

c) « Je le gratifie d'un sourire distant et amusé, et je passe. »

d) « Je prends la revue et je la jette parce que de toute façon je ne la lirai pas. »

8. On me dit que mon résultat est excellent :

a) « C'est vrai, et encore, j'étais un peu fatigué. »

b) « Si X avait été là, il aurait fait mieux. »

c) « C'est un accident, ne vous frappez pas. »

d) « Merci, ça me fait plaisir. »

Accordez dans le tableau suivant, à chaque lettre, le nombre de points que vous lui avez attribué.

Tableau récapitulatif[1]

	+ Lettre	+ Points	+ Lettre	+ Points	+ Lettre	+ Points	+ Lettre	+ Points
1) Départ en stage	c		d		a		b	
2) L'examen	d		b		c		a	
3) La soirée	d		a		c		b	
4) Travail en commun	c		b		a		d	
5) La file d'attente	a		c		b		d	
6) Victoire de l'équipe	a		b		c		d	
7) Vente de la revue	a		c		b		d	
8) Résultat positif	d		a		b		c	
TOTAUX	+ + =		+ − =		− + =		− − =	

Les totaux obtenus dans chacune des colonnes vous permettent de repérer votre position de vie la plus fréquente.

---

1. On trouvera un exercice du même style orienté vers la vie professionnelle dans Chalvin, *op. cit.*, voir bibliographie.

Quelques questions à se poser

Est-ce que j'ai répondu aux questions en fonction de ce que je fais ou en fonction de ce que j'aimerais faire ? Ai-je donc l'image de ce que je suis ou de ce que j'ai envie d'être ?

Dans quel type de situation suis-je constructif (++) ?

Si je refaisais ce questionnaire dans d'autres conditions, y aurait-il un changement dans mes réponses ?

Parmi les attitudes que j'ai, y en a-t-il que je souhaiterais modifier ? Quel est le déclencheur de la position de vie incriminée ?

Quand ai-je déjà vécu le même type de situation dans un état d'esprit ++ ?

Qu'est-ce que ces expériences m'apportent comme information sur les ressources dont je dispose ?

Comment s'élabore le scénario

Selon la définition d'Eric Berne, « un scénario est un plan de vie en voie de réalisation conçu dans la petite enfance sous la pression parentale. Il constitue la force psychologique qui conduit la personne vers son destin, qu'il choisisse de le suivre ou de le contrarier ».

Ce concept inspire parfois la réflexion que si l'on obéit à des consignes du passé ou si l'on se contente de les contrarier systématiquement tout en continuant à se définir par rapport à ces mêmes consignes, on n'est pas libre, on est déterminé par les influences que l'on a subies.

Dans un sens c'est vrai, on ne naît pas libre : physiquement nous sommes incapables d'autonomie, affectivement nous sommes persuadés que nous allons épouser maman ou papa, ce qui est assez hasardeux, et intellectuellement, nous sommes incapables de conceptualiser ce qui nous arrive.

Le concept de liberté au sens d'une caractéristique définitivement acquise n'est pas ici un concept opératoire. En revanche, si l'on sort du langage statique pour adopter un vocabulaire dynamique en utilisant le mot « libération », notre destin peut prendre sens. On peut se libérer physiquement en accédant à l'autonomie, affectivement en explorant les possibilités de nouer des liens en dehors du cercle familial.

On peut enfin se libérer intellectuellement en s'efforçant de conceptualiser, de modéliser nos comportements.

La connaissance de notre propre scénario, que nous avons inventé et mis en scène, et que nous interprétons, est une des façons de faciliter cette démarche d'autonomisation et de libération. Le connaître permet de le réécrire : il pourra faire l'objet d'une redécision ; ou se modifier sous la pression des événements puisqu'il arrive que l'on change sans prendre nécessairement conscience du processus.

Le scénario peut se schématiser graphiquement de la façon suivante :

Matrice du scénario

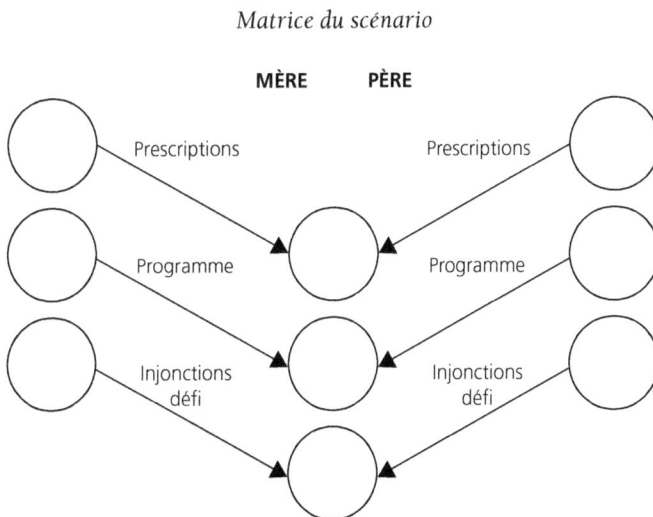

MÈRE   PÈRE

Prescriptions   Prescriptions

Programme   Programme

Injonctions défi   Injonctions défi

L'enfant reçoit des figures parentales qui l'ont influencé, généralement le père et la mère, des prescriptions, des injonctions et un programme ; en quelque sorte un cahier des charges et des instructions méthodologiques avec lesquels il pourra concevoir un plan de vie restrictif ou permissif, perdant ou gagnant.

Le programme

Il s'agit de méthodes, de modèles et autres modes d'emploi qui permettront l'actualisation concrète des prescriptions et injonctions. Il peut être fourni par l'adulte ou l'un ou l'autre des parents et se trouve intégré par mimétisme.

Les prescriptions

Ce sont des messages verbaux, émis consciemment par le Parent des parents. Il s'agit de valeurs morales ou sociales qui peuvent être émises sous la forme de messages contraignants. Ceux-ci limiteront la souplesse d'adaptation relationnelle.

Depuis Taibi Kahler, l'inventeur de ce concept, il est d'usage de considérer qu'il existe cinq messages contraignants.

Sois fort

Si j'obéis à cette prescription, je valoriserai la solidité, je choisirai de paraître invulnérable : visage hermétique, ton bourru. Je tiendrai des propos laconiques. Je n'assumerai pas mes émotions.

Exemple :

- On demande à un élève ingénieur : « Est-ce que vous avez des problèmes de communication ? » Il répond : « Je n'ai que des problèmes de maths. »

Si je veux guérir, je me donnerai l'autorisation d'avoir et d'exprimer mes faiblesses.

- Lors d'un entretien d'embauche, un candidat a les mains nouées et soudées l'une à l'autre.

Le recruteur : « Vous semblez un peu crispé ? »

Le candidat, qui obéit à « Sois fort », dénouera peut-être immédiatement les mains et niera cette faiblesse évidente et inavouable : « Non, non, ça va ! » Sera-t-il crédible ?

L'autre candidat, qui acceptera de dire : « Oui, c'est vrai, je suis un peu crispé, je ne suis pas habitué aux entretiens d'embauche et l'emploi que vous proposez m'intéresse beaucoup parce que... », aura montré davantage de flexibilité comportementale, aura programmé une autre attitude de la part de son interlocuteur, ses mains vont se dénouer toutes seules, et il se servira de la question comme tremplin et non plus comme plongeoir.

Sois parfait

Qui obéit à cette prescription manifestera son perfectionnisme dans le domaine vestimentaire par un souci du détail, dans ses propos en s'efforçant, quelque imparfait que puisse paraître le langage au regard des nuances de pensées qu'il souhaite formuler et bien qu'il y ait davantage de choses dans l'Univers que de mots dans le dictionnaire, de tracer, au moins en choisissant une syntaxe adéquate et un vocabulaire précis, les linéaments d'un discours qui se cherche. Bref, il fera plutôt des phrases longues. Ses allées seront ratissées, son jardin sera à la française.

Professionnellement, on peut lui souhaiter d'être contrôleur de gestion ou styliste.

S'il veut changer, on pourra lui suggérer que les imperfections peuvent avoir le charme de leur humanité.

Dépêche-toi

Autrement dit, si je ne me dépêche pas, je ne serai pas OK (+) à mes propres yeux, je n'aboutirai à rien. On repère les gens qui obéissent à cette prescription à leurs battements de pieds ou de mains. L'urgence est leur mot d'ordre, l'agitation, leur risque. « Je n'ai rien à faire, je vais me dépêcher d'en profiter pour... » Paradoxalement, ils se mettent en retard pour pouvoir se dépêcher.

Le responsable des subventions vient de dire : « Entrez » au trente-neuvième solliciteur de la journée. Il ne le regarde même pas. « Bon alors, qu'est-ce que vous voulez, vous avez trois minutes », dit-il tout en s'agitant dans ses papiers. Le solliciteur reste muet. Le responsable, surpris, s'arrête et lève les yeux. Alors seulement le solliciteur, toujours non verbalement, frotte le pouce contre l'index pour mimer la demande d'argent. Le responsable a souri et a proposé à l'autre de s'asseoir. Au lieu d'entrer dans un jeu complémentaire de « Dépêche-toi », il avait guéri l'autre en lui faisant entendre, entre autres, qu'il n'est pas mauvais de prendre son temps, d'aller à son rythme.

Acharne-toi

Les « peut mieux faire » des enseignants dans les bulletins scolaires sont sans doute trop tardifs pour être à l'origine de la prescription, mais ils ont pu la renforcer. Si j'écoute cette directive, je ne dirai pas « Je vais vous expliquer », mais « Je vais essayer de vous expliquer ». Je serai contracté, je vais surévaluer la difficulté et l'effort à faire. J'y suis presque, ce que je voulais dire c'est presque ça. Celui qui fait effort se croit irréprochable à la condition qu'il s'applique, ce qui ne paraît pas devoir mener à la réussite.

Le problème avec celui qui « fait effort », c'est que si on lui demande de changer, il va... faire des efforts pour y parvenir et sa problématique n'en sera guère changée.

On pourra lui donner comme critère la détente, l'efficacité et la réussite et puisqu'il prend le sérieux au sérieux, on n'hésitera pas à le prendre à contrepied avec l'humour de l'Enfant Libre.

Fais plaisir

Il semblerait qu'avec une prescription de ce type, on soit conduit à se montrer constamment généreux, ouvert aux autres. Mais l'excès de petites attentions, de prévenances peut être une suradaptation aux désirs de l'autre.

Une pièce de théâtre met en scène deux personnages très pauvres, c'est l'anniversaire de leur mariage. Le mari n'a qu'un petit trésor dérisoire, une montre à gousset qu'il a héritée de son aïeul. Il manque la chaîne à cette montre, ce qui diminue encore sa valeur. Il décide cependant de la vendre afin d'acheter une parure à son épouse pour qu'elle la place dans ses cheveux qui sont si longs et si beaux. Pendant ce temps, son épouse a vendu sa chevelure pour lui acheter une chaîne de montre.

Deux « fais plaisir » ensemble, cela peut donc donner des catastrophes.

C'est OK de satisfaire ses propres désirs et de se juger digne d'attention.

Note : ces messages contraignants ont été décrits parce qu'ils sont fréquemment à l'origine de dysfonctionnements relationnels, mais les prescriptions peuvent aussi être positives : « Je sais que tu peux réussir », « Tu as bien raison de te faire plaisir »…

Les injonctions

La troisième composante du scénario, après le programme et les prescriptions, ce sont les injonctions, interdictions formulées « involontairement » par l'Enfant des parents et d'autant plus efficaces qu'elles sont implicites. Les auteurs en relèvent une dou-zaine de types, la liste n'est pas close, je reprends ici à peu près un classement proposé par Gysa Jaoui (voir bibliographie).

Injonctions concernant la «zone de l'être»

1. N'existe pas : consigne que l'enfant entend lorsqu'on lui dit qu'il est né par accident, que s'il n'était pas né, on aurait pu vivre mieux, travailler, être heureux.

Consigne qu'il peut entendre aussi lorsque naît un petit frère, qu'on ne l'y a pas préparé et qu'il a l'impression que l'envahisseur a pris sa place dans le cœur de ses parents.

2. Ne sois pas toi-même : est le message qu'un petit garçon entend, à qui l'on révèle que l'on aurait préféré une petite fille, à qui l'on mettra des vêtements roses parce que c'est ce qui était prévu. Il sentira bien que plus il ressemble à une petite fille, plus il fait plaisir à ses parents ; d'ailleurs on lui a donné un prénom ambigu et les prénoms des enfants sont lourds des projets parentaux.

3. Ne sois pas un enfant : «Tu es grand toi, dit-on à l'aîné de famille, tu ne vas pas jouer avec les plus petits quand même. Tiens-toi bien, à ton âge !» Que ne se passera-t-il pas quand l'en-fant traversera les périodes instables propices aux changements de scénario pour celui qui aura été ainsi privé d'enfance ? Ne cher-chera-t-il pas à s'offrir tardivement les plaisirs dont il aura été frustré ?

4. Ne grandis pas : se dit plutôt au benjamin. C'est si mignon quand c'est petit. On lui passe tout. Maman ne tient pas à ce qu'il grandisse : que fera-t-elle quand elle n'aura plus d'enfant pour s'occuper ? Après avoir élevé plusieurs enfants, les parents ont mis de l'eau dans leur vin, ils sont plus simples. Il a droit au plaisir, il tient les parents par la séduction.

D'autres injonctions concernant le domaine du sentiment

5. N'exprime pas tes sentiments : si chaque confidence affective ou manifestation d'émotion est brocardée, traitée par le mépris, fait l'objet d'une manipulation, engendre une prise de pouvoir de la part de l'autre, l'expression des sentiments deviendra si dangereuse que la victime ne s'y risquera plus, même si le contexte change et que cette expression devient nécessaire pour recevoir des signes de reconnaissance positifs.

6. N'exprime pas tel sentiment : cette injonction est à l'origine d'un racket. « Tu crois que le Christ s'amusait, lui, sur sa Croix » est une formule qui peut raréfier les rires.

« On n'a pas le droit de se plaindre, il y a bien plus malheureux que nous », interdira la tristesse.

7. Ne sois pas proche, dit-on à l'Enfant que l'on repousse en lui disant que l'on est maquillée, qu'il va froisser un vêtement, qu'il est toujours là et ferait mieux d'aller jouer ailleurs, que l'on éloigne distraitement quand il s'avance. Il ne se sentira bien qu'à plus de deux mètres, ce qui ne sera pas toujours propice à la création de liens d'intimité.

8. N'aie pas de plaisir peut inciter à ne s'autoriser à se livrer à une action donnée qu'à la condition expresse que l'on n'en tire pas de satisfaction personnelle. Imaginons que cette injonction se conjugue à la prescription Dépêche-toi. La victime pourra rendre vivable ce cahier des charges en assumant une consigne telle que : « Je dois prendre mon plaisir rapidement. » On voit l'étendue des dégâts.

Une troisième zone d'injonctions est celle de l'action

9. N'agis pas : est entendu lorsque toute prise de décision, toute initiative est entravée, blâmée, anéantie ; lorsqu'il est recommandé de ne rien faire pour ne rien casser, pour ne pas se blesser, pour ne pas déplaire.

10. Ne réussis pas : paraît tout à fait paradoxal ; pourtant, l'enfant à qui sa mère ou son institutrice ne s'intéressent que lorsqu'il connaît une difficulté ou un échec sera peut-être tenté d'avoir recours à l'échec pour que l'on s'intéresse à lui.

11. Ne sache pas : interdit certains domaines de connaissance. « Ne pose pas sans arrêt des questions idiotes. » « Cesse de me parler de ce sujet. » « Je ne te répondrai pas. » « Je ne veux pas le savoir. » La maman a tellement envie que sa petite fille croie qu'elle est née dans une rose que la petite fille, avec beaucoup d'indulgence et de tendresse ou avec confusion, finit par accepter l'hypothèse.

12. Ne pense pas : « Laisse parler les grands. » « Tu ne peux pas comprendre. » « Tu verras cela plus tard. » « Arrête de raisonner. » « Si tu es comme moi, tu ne seras pas fort en maths. » « Laisse-moi et ne me dérange plus, je réfléchis. » Ces injonctions ne paraissent pas devoir susciter *a priori* un amour profond de la méditation.

Quand on a lu toutes ces injonctions, comme lorsque l'on a parcouru un dictionnaire de médecine, on peut être tenté de se reconnaître dans toutes les maladies. Rappelons donc que chacun peut avoir reçu ces injonctions mais aussi et au contraire les permissions correspondantes : Existe, Réussis, Tu peux être proche !

À l'aide de ces composantes (prescriptions, injonctions ou permissions), l'enfant se construit un scénario en choisissant d'y souscrire ou de les combattre.

Il peut se construire un scénario gagnant, perdant ou neutre. Par exemple, si j'entends par « Sois parfait » = « Sois mieux que toi-même », je vais échouer en me fixant sur une image de moi-même que je m'efforcerai vainement de promouvoir ; mais si j'entends par là « Sois toi-même au mieux », c'est une perspective plus réaliste qui s'offre à moi.

Selon le degré de réceptivité que l'on a à l'égard de ces messages, les consignes peuvent être plus ou moins contraignantes. Je peux avoir une prescription « Presse-toi » qui se fait tout à coup exigeante et être tranquille pour six mois ; je peux en revanche être sans arrêt sur la brèche et trouver que les choses n'avancent pas.

Il existe également des degrés ou des étapes dans les permissions. Si j'ai la permission de « réussir », cela peut signifier :

1. que j'ai la permission de faire des projets ;
2. de les mettre en œuvre ;
3. de les mener à bien ;
4. d'en être satisfait.

Cela concerne-t-il la réussite intellectuelle, affective, sociale ? Le scénario est une construction d'autant plus complexe et subtile (certains parlent d'œuvre d'art) que les injonctions et les prescriptions peuvent être contradictoires.

Exemple d'injonction et de prescription contradictoires

Un enfant sort de l'école, il a faim, il vole une orange à la devanture d'un marchand de fruits. Ni vu ni connu, il continue son chemin vers le disquaire, il achète le disque que lui a demandé son père, mais en profite pour en dérober un autre pour lui qu'il passe en fraude dans la même pochette.

Rentré chez lui, il donne le disque à son père et récupère le sien pour l'essayer.

Son père s'étonne : « Tu n'avais pas assez d'argent pour t'acheter un disque. — Non, dit l'enfant, mais comme tu dis toujours c'est le système D, je l'ai piqué, je me débrouille, et même, comme j'avais faim, j'ai piqué une orange dans un magasin. »

Le père horrifié clame sa colère : « Tu as volé, tu as volé l'orange du marchand », et il châtie l'enfant avec une sévérité néanmoins magnanime.

Celui-ci vient de recevoir une prescription : « Tu ne voleras pas. » Quelque temps plus tard, des amis viennent à la maison et s'extasient devant l'enfant qui se montre particulièrement habile au jeu de Monopoly. Devant leur insistance le père finit par avouer : « C'est vrai, il est débrouillard, il a des idées. L'autre jour, par exemple, je ne devrais pas le dire, mais quand même… deux disques dans la même pochette ! Il est dégourdi, faut oser ! » Les amis ponctuent cette confidence d'un rire assez approbateur et espiègle.

L'enfant, qui a tout entendu sans que le père l'ait expressément voulu, comprend que, au fond, « voler c'est bien ».

Il a donc reçu à l'égard du vol deux messages opposés, une prescription « voler, c'est mal » et une injonction « voler, c'est bien ». Son attitude à l'égard du vol s'en trouvera singulièrement compliquée.

Il reste néanmoins que prescriptions et injonctions sont des transactions et donc que même si elles prennent la forme de doubles contraintes, la relation n'est pas univoque, l'influence joue dans les deux sens et donc aussi de l'enfant vers les parents. Le mode de réception du message influencera les expressions ultérieures des parents et la scène familiale constituera bien un système, ce qui justifie le caractère volontiers systémique du regard porté par l'AT par rapport à des techniques d'investigation davantage centrées sur l'individu.

Pour offrir une concrétisation des multiples constructions scénariques que chacun de nous peut élaborer, Eric Berne propose un classement en six types qu'il rapporte à un personnage de la mythologie, ce qui semble une idée tout à fait logique si l'on veut bien considérer le rapport que peuvent avoir les romans, les contes de fées et surtout les mythes avec les luttes qui se déroulent en nous entre nos aspirations, l'hybris, la démesure, d'une part et, d'autre part, les prescriptions sociales, les lois et les dieux.

La mythologie met en scène les scénarios

Jamais

Jamais est le type de scénario des gens qui vivent leur vie comme un supplice de Tantale. Ce personnage, puni pour avoir trahi les dieux, était, dans les Enfers, plongé dans l'eau jusqu'aux lèvres avec des fruits à portée de main : lorsqu'il tendait la main, les fruits s'éloignaient, lorsqu'il baissait la tête, le niveau de l'eau baissait. On lui refuse ce qu'il désire le plus et il a peur de ces désirs qui l'ont conduit à l'enfer de la tentation.

« Jamais je n'y arriverai », « Jamais je n'aurai… ». La personne est « coincée », elle ne peut rien y faire.

Toujours

Toujours est le terme qui peut servir d'indice à la détection des gens qui vivent leur vie avec l'idée que « Ce sera toujours pareil ». Quelque acharnement (voir « Fais effort, acharne-toi ») que l'on mette à changer, il se révèle inefficace ; comme Arachné, jeune fille de Lydie, qui avait mis au défi la déesse Athéna de filer aussi bien qu'elle et fut punie de sa victoire en étant métamorphosée en araignée qui, toute sa vie, tisse la même toile.

Avant ou Jusqu'à

Avant ou *Jusqu'à*. *Avant* de recouvrer ses droits à la royauté, Jason devait rapporter la Toison d'or à Pélias mais avant d'obtenir cette Toison d'or… Avant d'arriver au but, il faut toujours quelque chose. De la même façon, Hercule ne peut accéder à la divinité avant d'avoir accompli des travaux.

Les gens qui vivent ce scénario – « Quand j'aurai fini cela, je pourrai enfin… » – jouent à être éreintés (jeu de victimes). « Avant de regarder la télé, il faut que je… »

Après

Après correspond au mythe de Damoclès. Celui-ci jouissait du banquet de la vie que lui avait offert Denys de Syracuse jusqu'à ce qu'il s'avise qu'une épée était suspendue par un seul crin au-dessus de sa tête.

« Profites-en tant que tu es étudiant… » « Profite tant que tu as la santé, après… » Le mauvais sort entendu dans la jeunesse fixe une échéance dramatique aux satisfactions du moment.

Presque

Presque illustre le scénario de Sisyphe qui, pour toutes sortes de méfaits, est condamné à pousser son rocher jusqu'au haut de la montagne. Quand il y est *presque*, le rocher retombe. Ou il arrive en haut, mais ce n'est pas la bonne montagne.

Type 1 : « J'y suis presque arrivé »

Type 2 : « J'y suis arrivé, mais… »

Sans fin

Sans fin est le scénario des gens qui ont trop de temps par rapport à ce qu'ils escomptaient. Le style « cadre », toujours sur la brèche, brutalement en vacances, malade, licencié, à la retraite. Que faire quand je ne sais pas quoi faire ?

On illustre volontiers ce sixième type par l'histoire de Philémon et Baucis, qui avaient accordé l'hospitalité à Zeus (accueilli en eux l'idée de l'absolu) alors que tous leurs voisins la lui avaient refusée. Seuls gardiens du temple, ils avaient échappé à sa colère et avaient survécu.

Comment repérer son scénario ?

Comme celui-ci n'est pas un mystère complet, mais qu'il apparaît comme notre vie quotidienne, il peut suffire parfois de se poser quelques questions qui conduisent à établir ce qu'il est convenu d'appeler un « portrait chinois ».

Entraînez-vous

Portrait chinois

Ce jeu, assez classique et créatif, peut se faire seul. Il est assez ludique en petit groupe et supporte beaucoup de variantes.

Processus

Chacun est invité à terminer les phrases suivantes:

1. Si j'étais (si Untel était..., si mon école était...) un animal, qu'est-ce que ce serait? La personne qui choisit le taureau (Sois fort...) n'a probablement pas les mêmes données de scénario que celle qui choisit la biche (Sois parfait? tristesse? solitude? objet d'admiration?) ou le microbe (redoutable prédateur caché...), ou l'ourson (besoin de caresses...).

2. Si j'étais un personnage célèbre... Serait-ce Rambo ou Mère Teresa?

3. Une plante... plante carnivore ou nénuphar?

Il est possible de multiplier les identifications suivant qu'elles inspirent les intéressés ou pas:

Si j'étais un vêtement, une pièce dans une maison, un meuble, un minéral, un service de l'entreprise, une matière d'enseignement, un outil, une œuvre d'art, un plat...

Certaines caractéristiques de la personne se dégagent, qu'il devient possible de rapprocher des prescriptions, injonctions, permissions ou scénarios identifiés.

Selon la façon de mettre en place l'exercice, en fonction du groupe et du temps dont on dispose, on permettra aux participants de réfléchir sur eux-mêmes et/ou de se faire renvoyer une image d'eux-mêmes par les autres.

Chapitre 2

UTILISER L'APPROCHE SYSTÉMIQUE DE L'ÉCOLE DE PALO ALTO

Pourquoi ce nom d'«École de Palo Alto»?

Palo Alto est une ville de Californie située au sud de San Fran-
cisco. Elle a donné son nom à l'«École de Palo Alto» qui désigne,
par commodité, une nébuleuse de chercheurs qui ont travaillé
ensemble ou dans la même mouvance intellectuelle. Leurs thèmes
de préoccupation: la théorie de la communication, les méthodo-
logies du changement, les pratiques thérapeutiques nouvelles.

Gregory Bateson (1904-1980) est la figure de référence de ce
groupe. Il lui a donné son orientation théorique et ses fondements
épistémologiques. Sa formation de zoologue puis d'anthropo-
logue, sa fréquentation de cultures différentes ont confirmé son
souci d'interdisciplinarité et de conceptualisation. Son évolution
vers des soucis plus fondamentalement épistémologiques sera
facilitée par la transposition aux phénomènes humains d'outils
de réflexion empruntés à la cybernétique (Norbert Wiener) et à la
théorie des jeux (von Neumann).

Les années 1950 voient se constituer à Palo Alto et autour de
Bateson un groupe auquel Don D. Jackson donne une orientation
psychiatrique. Milton Erikson, qui utilise l'hypnose, a influencé
plusieurs participants (Weakland, Haley, Fish) quant à leur
conception d'une thérapie directive qui prend en compte les
influences exercées dans la relation avec le patient. Ce groupe est
l'inventeur et le promoteur de l'analyse systémique: «L'approche
systémique n'est pas une nouvelle science, ni même une nouvelle
discipline, c'est un point de vue original sur la réalité.» Il a conçu
la théorie féconde du «*double bind*» ou double contrainte.

Vers 1958, alors que Bateson se veut épistémologue, Jackson fonde
parallèlement le Mental Research Institute qui a pour vocation
d'appliquer à la thérapie les découvertes en sciences de la communication. La famille est un système homéostatique: celui qui y est

catalogué comme malade n'est que le porteur du symptôme d'un groupe en état de dysfonctionnement.

Virginia Satir et Paul Watzlawick, né en 1921, qui en est l'écrivain le plus appréciable, en sont les figures de proue. Les thérapies familiales et les thérapies brèves constituent leurs champs d'investigation. L'originalité et le succès de leurs démarches thérapeutiques contribuent au succès des idées de Palo Alto.

Ce qui donne une cohérence intellectuelle à ces recherches – on a pu parler de collège invisible – c'est donc :

• d'une part, sur le plan théorique, une conception nouvelle de la communication, non plus un schéma linéaire de l'émetteur vers le récepteur avec des relations univoques de cause à effet, mais une vision « orchestrale », systémique des transactions effectuées ;

• d'autre part, sur le plan pratique, une méthodologie du changement qui se focalise moins sur le contenu que sur le contexte et a permis l'élaboration de techniques nouvelles.

Qu'est-ce que l'approche systémique ?

Un système est un ensemble d'éléments interdépendants : une voiture, une cellule, un pays sont des systèmes. L'approche systémique consiste donc non à considérer les objets individuellement, en analysant leur contenu, mais à les observer dans leur réseau relationnel, dans leur contexte. Il ne s'agit pas d'un point de vue microscopique mais macroscopique.

Cette approche ne constitue pas une science nouvelle mais une façon de regarder les phénomènes. Le groupe de Palo Alto n'en est pas l'inventeur. À l'occasion de ses études d'ethnologie, Bateson avait ressenti le besoin de concepts que la cybernétique et la biologie lui ont fournis : apprentissage, mémoire, régulation, rétroaction, homéostasie. L'apport de Bateson et du groupe de Palo Alto, c'est le souci d'appliquer cette conceptualisation aux phénomènes humains.

Quels sont les avantages de l'approche systémique ?

Imaginons que, dans une famille donnée, se manifeste un problème : un des enfants fugue ou se drogue, ou, moins dramatiquement, voit ses résultats scolaires baisser. La mère déprime, le père n'est jamais là ou travaille trop. On sera tenté d'étiqueter le personnage porteur du symptôme comme malade et d'entamer avec, pour, ou contre lui une thérapie analytique et individuelle sous prétexte que son comportement lui porte préjudice et qu'il hypothèque l'équilibre de la cellule familiale.

Peut-être, sorti de son milieu, dans le cadre d'une cure ou d'une formation, le malade va-t-il faire des progrès, mais il est bien probable que, dès son retour, il connaîtra des rechutes ou qu'un autre membre de la famille prendra le relais, parce que les conditions d'apparition du symptôme sont à nouveau réunies et que le comportement déviant n'est pas le signe qu'un individu perturbe le système, mais le signe que le système fonctionne à ce prix.

Le malaise est assumé par le bouc émissaire. « Quand on se dispute, c'est à cause des enfants », dira-t-on dans la famille. « Si l'entreprise ne marche pas, c'est à cause des administratifs. » « Si le pays va à vau-l'eau, c'est à cause des Juifs. » Cette pratique très générale de la recherche du bouc émissaire, de la victime expiatoire, relève de la pratique des jeux de victime, analysée en analyse transactionnelle.

Désigner un malade coupable permet au groupe de rester dans une relative harmonie : chacun, même la victime, y reçoit des signes de reconnaissance, le temps et les relations y sont structurés par les nécessités de la gestion de la dynamique du groupe, fût-ce au détriment de l'activité rentable, constructive de la famille, du groupe ou du service. Puisqu'il existe un coupable désigné, les autres membres du système peuvent se définir comme « en bonne santé ».

À quoi bon, devant une telle coalition d'intérêts décidés à garder un bouc émissaire à portée de la main, s'efforcer de résoudre le problème apparent, manifesté par l'un des éléments du système : ce serait vouloir soigner la maladie sans soigner le malade.

L'approche systémique se justifie par le fait qu'il faut souvent moins une thérapie dans le système qu'une thérapie du système. L'enseignement est un système conçu en un temps où peu de gens poursuivaient des études. Les conditions ont changé quantitativement, le système s'efforce de survivre et de s'adapter, de temps à autre et suivant les alliances et les coalitions qui se nouent, il réclame des boucs émissaires : les étudiants qui sont nuls, les enseignants qui sont navrants, les institutions qui ne donnent pas de moyens : là aussi, on peut chercher un coupable (thérapie ponctuelle) ou chercher une solution (analyse systémique).

Bien entendu, si l'élément du système qui est modifié est suffisamment important ou suffisamment modifié, le système entier en sera changé, ce qui implique que la position confortable et passive qui consisterait à se dire : « On ne peut rien faire, il faut changer tout le système, on n'en a pas les moyens » se trouve invalidée : bouger un pion peut faire basculer le sort d'une partie d'échecs. L'analyse systémique permet de savoir quel pion bouger et quand il faut le bouger.

Quelles sont les caractéristiques des systèmes humains?

a) Un système a une frontière externe: pour un club ou une équipe, il y a ceux qui en font partie et ceux qui n'en sont pas. Ces frontières peuvent être plus ou moins perméables.

b) Un système a une frontière interne qui sépare la zone du leadership (le père et la mère, l'agent de maîtrise) du reste du système.

c) Un système se caractérise également par des processus:

c1) l'activité (le club de football doit jouer des matchs, l'entreprise doit gagner de l'argent, le service doit être productif);

c2) les relations extérieures, les relations publiques, la publicité, les négociations;

c3) la dynamique interne du groupe, régulée par l'information, la formation, la consultation, la concertation, la considération, la rémunération, la délégation, la promotion, l'amélioration des conditions de travail ou par la rébellion, le sabotage, la passivité, les grèves…

Quelles sont les propriétés du système?

Le principe de totalité

Le système ne se réduit pas à la somme de ses éléments: ce n'est pas en étudiant la psychologie individuelle de toutes les personnes qui la composent que l'on pourra comprendre le comportement d'une foule. En revanche, le contexte, le système permettront de comprendre le comportement de l'un de ses éléments. Il y a des rôles et des caractéristiques communs aux groupes indépendamment des éléments qui les composent. Il serait vain d'essayer de comprendre la timidité, l'agressivité, les bouderies, l'anorexie, la boulimie d'un enfant, sans considérer ces comportements comme des techniques de communication insérées dans un contexte.

Le principe de rétroaction

La bipolarité caractérise les groupes.

1) Une tendance conservatrice sera soucieuse d'habitudes, de procédures. Gardienne des valeurs traditionnelles, elle assurera l'autoprotection du groupe en se montrant gardienne du dogme et des frontières. En cas d'excès, elle conduira à la rigidité. Parmi ses techniques : le *feed-back négatif* qui tend à amortir les effets d'un événement potentiellement perturbateur. Il s'agit de ne pas faire de vagues.

2) Une tendance progressiste, soucieuse de croissance, d'évolution, plutôt centrifuge, facilite le changement, mais elle peut se révéler également dangereuse parce qu'elle ne se préoccupe pas de répondre aux besoins de sécurité, et pousse à la démesure et au dérèglement dans l'expansion. Parmi ses techniques : *le feed-back positif* qui consiste à « en rajouter » en exhibant et en théâtralisant les conflits.

Le principe d'homéostasie

Un système tend à établir des règles qui lui permettent de se stabiliser. La recherche frileuse de l'homéostasie peut empêcher l'évolution d'un système et, si l'on souhaite valoriser l'équilibre, il peut être plus pertinent de se fixer l'homéodynamisme comme objectif, c'est-à-dire l'équilibre dans le mouvement. La violation par l'un de ses membres de l'une des règles du groupe met en cause ce principe et engendre une crise. L'une des tâches que se sont données certains membres de l'École de Palo Alto a été d'étudier la famille, premier système stable d'interaction continue que nous ayons connu et d'y repérer les règles inappropriées, facteurs d'apparition de pathologie.

La première expérience du groupe se fait à l'intérieur du système familial

Le passé importe dans la mesure où il continue de s'actualiser dans le présent. C'est avant l'invention du groupe que nous avons connu le bonheur, première expérience du paradis dont on conserve la saveur. En ce temps-là, il y avait moi et ça fait un, et je poussais des cris pour recevoir des câlins. Alors, venait maman et ça fait deux et j'étais apaisé et je n'avais plus faim. Le « deux », souvent symbole de lutte et de conflit, je trouvais que c'était bien, alors que trois, ça ne valait rien. Comme nos premières expériences se sont passées à deux et en symbiose, nous cherchons à être au chaud, dans une structure close, avec une femme ou un mari, dans une classe ou un parti.

Comble d'horreur et d'abomination, on m'a volé mes frontières, ma clôture, mon cocon. On pourrait en vouloir à l'intrus diabolique ou regrettable inventeur de triptyque et devenir le conservateur intégriste d'une homéostasie désuète, en se fermant à l'évolution, à cause de l'envie secrète d'une sécurité qui répugne à l'autre et à sa différence, qui n'accepte l'étranger que s'il est à distance. Par haine du changement, on pourrait franchir ce pas, mais, perversité œdipienne du destin, l'intrus, c'est papa !

Les hommes ont forgé les religions à leur image et, pour parfaire Dieu, unissent trois personnages. La Trinité dans la religion, c'est beau, c'est grand. Le ternaire y est parfait, stable et permanent mais, dans les groupes où nous nous cherchons, la Trinité est une œuvre en construction et il serait illusoire de vouloir participer à la Trinité des dieux en pensant que la guerre du trois n'aura pas lieu. L'irruption du trois dans notre vie constitue notre première expérience du pouvoir, elle ouvre l'ère du pluriel des alliances, des coalitions et des espoirs.

Entraînez-vous

Entraînement 1

Trouvez cinq exemples de systèmes humains dont les frontières soient particulièrement perméables. Y a-t-il des analogies dans leur évolution ?

Entraînement 2

Trouvez cinq exemples de systèmes humains, passés ou présents, dont les frontières soient pratiquement imperméables. Y a-t-il des points communs dans leur destin ?

Entraînement 3

Dessinez, en sous-groupes, une carte mentale du mot « groupe ». Quelles sont les ressemblances ? Les systèmes de valeur, les critères de définition ou d'évaluation sont-ils les mêmes ?

Entraînement 4

Deux sous-groupes disposent chacun d'un jeu de photos (style photo langage). Consigne : choisissez, individuellement d'abord, puis, dans un second temps, après explication et discussion, une photo par sous-groupe qui représente le mieux l'idée que vous vous faites d'un « groupe de travail efficace ».

Entraînement 5

Exercice individuel. Quels liens existe-t-il entre votre façon d'être intégré dans votre famille, système primordial de référence, et votre façon de gérer volontairement ou pas votre rapport à un groupe ? Les thèmes de réflexion pourront être le rapport à la frontière externe, le rapport à la structure de pouvoir, le rapport à la fratrie, aux activités, à la dynamique interne…

Entraînement 6

Comment êtes-vous perçu dans un groupe ? Extraverti, introverti, soumis, rebelle, spontané, réservé, passif, actif. Y a-t-il des correspondances entre ces images et des comportements que vous aviez dans le système familial ? Comment s'y inscrivaient-ils ? Quels étaient, à l'époque, les aspects positifs de ces comportements ?

À quelle conceptualisation aboutit l'approche systémique ?

L'objectif des chercheurs de Palo Alto d'établir une pragmatique de la communication leur a permis de proposer des concepts opératoires qui prennent en compte le contexte et la notion de système.

Les niveaux de sens

Le contenu d'un message ou d'un échange peut être parfaitement anodin : « Vous habitez chez vos parents ? » alors que l'enjeu au niveau de la relation est d'une intensité brûlante. Définir la relation est l'une des tâches importantes qui s'effectue lorsque s'inaugure une interaction : celle-ci peut être symétrique ou complémentaire.

Si la volonté existe dans un couple d'établir une relation symétrique, le mari tiendra à partager les tâches ménagères et l'épouse n'hésitera pas à choisir les vins. Ce mode de fonctionnement pourra être très efficace avec cette réserve que l'excès mènera à des relations de rivalité, de surenchère.

S'il s'agit de relations complémentaires, il y aura acceptation de la différence : l'épouse effectuera les tâches réputées féminines et l'époux assumera les responsabilités viriles. La perversion éventuelle conduira ici de la différence à l'inégalité et à l'oppression.

Dans un couple, ces relations peuvent être variables : symétriques, complémentaires, avec inversion des rôles, suivant le moment, le type d'activité, le contexte du moment. Cependant, outre les dangers d'excès, de stéréotypie précédemment signalés, le danger peut être de confondre le contenu et la relation, comme dans ces discussions où l'on refait interminablement le monde, moins avec le souci de comprendre et de construire qu'avec l'objectif d'avoir le dernier mot.

Cette confusion entre le contenu et la relation pourra se manifester également à l'occasion d'une erreur d'interprétation du message : offrir un cadeau à un amoureux qui se sent délaissé peut être compris comme une aumône ; le même geste à l'égard d'un amoureux qui se sent aimé sera vécu comme un geste de tendresse ; l'amoureux jaloux l'interprétera comme une volonté de se faire pardonner…

Que désigne la ponctuation ?

Elle désigne le type de découpage, la version que donnent les participants de l'échange qu'ils ont eu.

Pour les étudiants, leur réunion, leur mobilisation et leurs manifestations se justifient parce que la présence de la police est une provocation ; pour la police, la présence des étudiants nombreux et vociférants constitue un trouble à l'ordre public qui justifie leur action. Où est la cause, où est l'effet ? Chacun ponctue la relation différemment.

L'époux rentre du travail et s'installe tristement devant la télévision. L'épouse se fait silencieuse et se retire dans la cuisine. Dix ans après, lors d'une thérapie, ils pourront dire : « Je regardais la télé puisque tu ne t'occupais pas de moi », « Je retournais à la cuisine pour ne pas te déranger, tu avais l'air si fatigué ». Erreur de ponctuation, erreur d'interprétation et, de plus, dix ans de perdus avant de métacommuniquer.

Que signifie la métacommunication ?

C'est là l'un des thèmes qui a le plus volontiers retenu l'attention de Bateson, beaucoup plus intéressé par l'épistémologie que par la thérapie dont il considérait qu'elle n'était qu'un des champs d'application de ses théories. Ses études sur le comportement animal l'ont incité, assez tôt, à remarquer que les animaux savaient distinguer le combat du simulacre de combat. Comment peuvent-ils se communiquer entre eux ce message : « Ceci n'est qu'un jeu » ?

La métacommunication, c'est-à-dire la communication à propos de l'échange lui-même, peut s'effectuer par d'autres moyens que l'échange verbal. Si le cadre indique sur un ton solennel à son subordonné : « Venez, j'ai à vous parler dans mon bureau », le ton utilisé, le rituel respecté, le délai pris pour parler, le lieu choisi sont autant d'indicateurs qui métacommuniquent que la rencontre revêt une grande importance.

Métacommuniquer permet d'assumer deux fonctions essentielles dans la conduite d'un entretien, d'une réunion, d'une relation :

a) La facilitation des échanges, en portant la réflexion sur la définition des objectifs, les propositions de méthodes et les synthèses partielles ;

b) la régulation des échanges, en éclairant non plus les aspects fonctionnels (la tâche éventuelle à accomplir), mais les aspects relationnels de l'échange : prises de parole, silences, tensions, connotations.

Lorsque la fonction de métacommunication ne peut plus être assurée, il s'ensuit une perturbation des échanges ; par exemple, lorsque les interlocuteurs ne veulent pas parler d'un sujet considéré comme tabou, lorsque l'un d'eux estime que l'autre ne pourrait pas comprendre, est trop impulsif ou trop fragile pour entendre parler d'un tel sujet.

Entraînez-vous

Entraînement 1

Proposez cinq exemples de situations de communication pour lesquelles le contenu n'a guère d'intérêt alors que la relation constitue l'enjeu réel de l'échange.

Entraînement 2

La « ponctuation » des événements est un travail de lecture ou d'écriture. Aussi peut-on en trouver de nombreux exemples dans la littérature. André Gide propose volontiers ce type de double lecture dans laquelle il devient impossible de savoir où sont la vraie et la fausse monnaie.

On trouvera une illustration de ce type de travail dans *L'École des femmes* : Robert et Geneviève y racontent chacun leur version de leur vie de couple, à quoi s'ajoute le regard de leur fille.

On cherchera d'autres exemples littéraires de ponctuations divergentes.

Entraînement 3

Proposez deux ponctuations différentes des événements suivants, effectuées par les protagonistes ou par un témoin :

- une étudiante proteste auprès d'un enseignant au sujet de sa dernière note ;
- le représentant syndical émet une protestation auprès du directeur au sujet de l'installation des pointeuses ;
- la jeune fille reproche à son ami de consacrer plus de temps au football qu'à elle-même ;
- les représentants d'un pays envahisseur et d'un pays envahi argumentent leur point de vue ;
- tout autre événement pour lequel on ne sait plus si c'est la poule ou si c'est l'œuf qui a commencé.

En quoi la double contrainte est-elle dangereuse ?

Que veut dire ce terme de « double contrainte » ?

Un exemple tiré d'une histoire connue. Une mère offre à son fils deux cravates : une bleue et une rouge. Le lendemain, il arbore la bleue et sa mère de lui dire : « Tu n'aimes pas la rouge ? » Le jour suivant, il porte la rouge ; sa mère : « Tiens, tu es déjà dégoûté de la bleue ! » Le troisième jour, il a superposé les deux cravates et sa mère, en le voyant, s'écrie : « Tu me rendras folle ! »

Le concept de double contrainte ou *double bind*, l'un des plus célèbres et des plus féconds de l'École de Palo Alto, a été mis au point par Bateson et semble fournir une explication à la schizophrénie. Pour qu'il y ait évolution vers cette pathologie, il faut qu'il soit vital, pour un individu, de répondre avec une précision totale aux injonctions qu'il reçoit d'une personne donnée et que ces injonctions se contredisent ; enfin, il faut que l'individu n'ait pas la possibilité de métacommuniquer, de mettre en question sa façon d'interpréter les injonctions reçues.

L'occasion de cette théorisation a été, entre autres, l'observation de la désensibilisation émotionnelle des enfants balinais. Le père est faible ou absent, la mère est hostile à l'enfant ou effrayée par lui. Si l'enfant s'approche de la mère, elle s'écarte. Si, de ce fait, l'enfant s'écarte aussi, la mère simule une approche qui constitue une métacommunication, un déni du geste précédent. La scène se répète. Si l'enfant comprend ce qui se passe, il va comprendre que sa mère le rejette mais tente de lui faire croire le contraire : il est puni de sa lucidité.

Il doit donc faire semblant de ne pas comprendre et continuer à s'approcher, mais, dans ce cas, il est puni aussi puisqu'elle s'éloigne. La seule façon de sortir de cette double contrainte serait la métacommunication, mais sa mère l'empêchera de le faire.

Le schizophrène ne métacommunique pas, prend au premier degré tous les messages reçus. C'est bien la dynamique familiale, le système qui fait la schizophrénie. Le destin du concept de double contrainte n'est pas resté lié à celui de cette pathologie spécifique. Au prix d'une simplification ou d'une banalisation de l'idée, on l'utilise en effet lorsque l'on affirme quelque chose et que, en même temps, on affirme que ce que l'on dit est faux dans une situation où il n'est pas possible de métacommuniquer.

Un ordre peut être à lui seul une double contrainte, s'il commande de ne pas se laisser commander. « Soyez spontané », « Soyez autonome », « Prenez l'initiative ». Des consignes telles que « Soyez détendu », ou « Oubliez que vous parlez en public » se révèlent impossibles à suivre dès lors qu'elles sont proférées. Elles sont facteur de crispation, de culpabilisation et d'échec.

— Monsieur le directeur, dit le cadre, je ne suis plus content de mon niveau actuel de rémunération.

— Eh bien, mon cher ami, répond le patron, vous souhaitez nous quitter quand ?

La solution, quand elle peut être mise en œuvre pour se tirer d'une situation qui est de l'ordre de la double contrainte, est d'exhiber celle-ci : « Vous pensez qu'il n'y a pas d'autre solution ? » Ou d'en rajouter : « Là, monsieur le directeur, vous m'avez complètement piégé. »

Alors que la double contrainte pathologique fait que la victime est punie si elle suit l'injonction et punie également si elle ne la suit pas, la double contrainte thérapeutique sera formulée de telle façon que le patient change s'il suit la prescription et change également s'il refuse de la suivre.

À la personne qui prétend qu'elle ne sait pas dire « non », Grinder et Bandler donnent la directive de nier quelque chose devant chaque membre du groupe : quoi qu'elle fasse, elle dira « non », soit aux membres du groupe, soit aux thérapeutes. Cela provoquera, au moins dans un premier temps, un effet de confusion et obligera le patient, devant cette aporie, à sentir au moins intuitivement qu'il y a là, sinon une contradiction, au moins une indétermination du niveau logique auquel s'applique la négation.

Cette expérience vécue et pas nécessairement conceptualisée d'un niveau « méta » permet de sortir du cadre et ouvre la porte à une démarche plus créative. La phrase « Je ne sais pas dire non » n'a plus de sens ; ce n'est plus une information, c'est un bruit confus qui ne peut plus servir d'outil de travail ou d'objet d'analyse. La prescription du symptôme engendre une tentation d'osciller d'un pôle à l'autre de l'alternative illusoire et cette position inconfortable ne sera dépassée que par une ferme prise de décision de la transcender.

Comment peut-on utiliser les paradoxes comme technique d'intervention ?

C'est le bon sens qui a permis, pendant si longtemps, de croire que la Terre était plate et l'on a même un peu brûlé des gens qui prétendaient le contraire.

On raconte que la légendaire reine Carcas, de la cité volsque de Carcassonne, aurait sauvé sa ville, affamée par un long siège, en jetant par-dessus les remparts le dernier porc engraissé dont disposât la ville, ce qui aurait eu pour effet de décourager les assaillants quant à l'efficacité de leur blocus économique.

Il arrive donc que le bon sens soit dangereux et qu'une attitude paradoxale soit efficace. On trouverait des exemples de ce fait sans être obligés de recourir à de spectaculaires évocations historiques ou légendaires : il semble de bon sens d'apporter une aide à celui qui se plaint de sa hiérarchie, de ses conditions de travail ou de sa situation et, de façon générale, ce comportement logique pourra convenir. Cependant, est-ce que parfois il ne va pas encourager l'interlocuteur à continuer à se plaindre pour être pris en charge, pour justifier sa plainte antérieure ?

Peut-être, le bon sens suffirait-il à régler les dysfonctionnements comportementaux, si la prise de conscience d'une difficulté et son analyse suffisaient à promouvoir un comportement raisonnable, mais les prises de conscience ne sont pas suffisantes, elles sont même parfois inutiles pour changer : on change sans savoir pourquoi et les comportements individuels et collectifs ne sont pas raisonnables.

Quand l'utilisation d'une technique paradoxale se justifie-t-elle ? Lorsqu'une technique de bon sens ne peut pas être appliquée. On dirait, en analyse transactionnelle, lorsqu'il n'est pas possible de brancher l'Adulte, c'est-à-dire de reformuler, de questionner, d'argumenter, de métacommuniquer.

Cette situation peut se produire pour des raisons institutionnelles, ou lorsqu'un événement a provoqué un stress qui fait réagir les individus et les groupes de façon irrationnelle, ou pour des raisons de fonctionnement hiérarchique figé ou enfin pour des raisons d'incapacité psychologique à s'abstraire d'une relation donnée.

Ainsi, si le cadre ne sait pas déléguer ses pouvoirs, bien qu'il soit rationnellement persuadé de la nécessité théorique de le faire, il est bien possible que le jeune DUT plein de bonne volonté et d'initiatives qui est sous ses ordres, ne puisse guère formuler officiellement des griefs ou des revendications. Peut-être deviendra-t-il utile, dans ces circonstances :

1. de faire moins de la même chose, en cessant de prendre des initiatives et en allant lui rendre compte de la moindre chose, en sollicitant des autorisations pour l'acte le plus anodin ;

2. la hiérarchie pourra prescrire à ce cadre de déléguer encore moins, en lui prescrivant son symptôme, elle le conduira à des impasses dans la gestion de son temps ;

3. s'il hésite à changer son comportement, on pourra utiliser sa résistance comme le fait le judoka en lui disant qu'au fond, changer ne lui apporterait rien. Qu'est-ce qui se passerait s'il ne changeait pas ? Quelles seraient les difficultés qui pourraient survenir s'il déléguait davantage ? La réponse pourra être : « Oui, mais si je ne délègue pas plus, je vais être débordé, je ne peux plus me former, je vais être dépassé par les nouvelles techniques. Ça ne peut plus durer. » Il restera à fixer le contrat de délégation. À qui ? Quoi ?

Comment ? Avec quelles limites ? On aura repris la voie du bon sens.

Entraînez-vous

Double contrainte et paradoxes

Imaginez des suites positives aux situations suivantes, après avoir indiqué en quoi elles relèvent de la double contrainte.

1. Une jeune fille offre un cadeau à son prétendant fort séduisant, mais au caractère ombrageux et jaloux.

« Tiens, tu m'offres un cadeau ! Tu as encore quelque chose à te faire pardonner. »

2. Un patron pose négligemment un paquet de feuilles sur le bureau de sa secrétaire : « Tenez, mon petit, vous me taperez ça à vos moments perdus ! »

3. Une épouse, en consultation, explique au thérapeute : « Mon mari, je ne lui demande jamais rien, de toute façon, il ne me répond jamais. »

4. — Monsieur, je ne peux plus travailler dans ces conditions. Les autres sont en congé.

— Eh bien, démissionnez !

5. « File dans ta chambre, dit la mère à son fils, tu en reviendras quand tu auras le sourire. »

6. Une personne dit à une autre : « Je n'arrive pas à refuser quelque chose à quelqu'un. »

L'autre lui répond : « J'exige que tu me dises "non" ! »

Qu'apportent les notions de changement de type I et II, et la notion de recadrage ?

Que veut-on dire par changement de type I ?

Il s'effectue à l'intérieur du système. Pour reprendre des exemples volontiers proposés par l'École de Palo Alto, il s'agirait de l'action du thermostat qui réactive le chauffage ou de l'accélérateur de la voiture qui permet de changer de vitesse sans modifier le contexte, sans toucher au levier, ou sans changer de véhicule.

Il peut arriver que ces changements de type I soient efficaces, mais, comme ils relèvent d'une conception linéaire et non systémique de la causalité, ils peuvent se révéler pervers dans leurs conséquences. Les lois de prohibition avaient pour objectif de supprimer la consommation de l'alcool aux États-Unis, leur promulgation a entraîné la fraude, la création de gangs et les nouveaux changements de type I, sous forme d'accroissement de la répression, n'ont pas été plus heureux.

L'enseignant se trouve devant une classe passive, il se fait sévère et autoritaire, et la passivité augmente sous la forme éventuellement d'une suradaptation, d'une acceptation apparente, mais, en tout état de cause, d'un comportement scolaire qui n'était pas le résultat escompté. Comme « faire plus de la même chose », solution classique, fréquente et apparemment de bon sens, se révèle souvent inefficace, il s'agit d'opérer non plus un changement dans le système, mais un changement du système.

Sortir du cadre, c'est instaurer un changement du type II.

Que veut-on dire par changement du type II?

À l'objection: «Votre produit est cher», le vendeur pourrait être logiquement tenté de répondre que ce n'est pas le cas. La logique du système implique qu'une objection soit suivie d'une réfutation. Le vendeur sera pourtant probablement plus efficace en acceptant la vision du client: «Oui, c'est cher...», et en justifiant ce prix plus élevé par les services rendus, élargissant ainsi le cadre à des arguments, des critères et des valeurs qui n'étaient pas jusque-là pris en compte.

Le Dr Fisch (voir bibliographie) a affaire à un enfant si insupportable qu'il est fréquemment enfermé dans sa chambre et se met dès lors à marteler indéfiniment sa porte à coups de poing. Le punir davantage? Le raisonner? Les changements de type I seraient inefficaces.

Le docteur organise donc un concours, un pari entre les enfants de l'institution: «Jusqu'à quelle heure Joe va-t-il tambouriner?» Comme prévu, l'un d'entre eux va subrepticement proposer à celui-ci à travers la porte: «Tiens encore sept minutes, Joe, et j'aurai gagné!» Joe s'arrête immédiatement.

Le contexte dans lequel son geste est perçu a été bouleversé; ce qui était une solution (tambouriner) devient un problème. En lui prescrivant de faire ce qu'il considérait comme un geste de rébellion, son interlocuteur modifiait de façon suffisamment crédible le sens du comportement, qui perdait ainsi sa raison d'être.

Comme souvent, non pas par ignorance mais par méthode, le changement a été obtenu, ici et maintenant, sans s'attacher à l'analyse des causes.

Qu'entend-on par recadrage ?

Les méthodes de réflexion les plus répandues au sujet de la communication mettent l'accent sur l'analyse du contenu.

L'accent sur le contexte

L'École de Palo Alto propose de mettre l'accent sur l'analyse de contexte : recadrer, c'est modifier le contexte relationnel, conceptuel ou affectif selon lequel est perçue ou vécue une situation.

Cette technique provoque, de façon générale, une surprise. Elle relève d'une esthétique du paradoxe. Il s'agit, là aussi, de sortir des ornières relationnelles et de « faire moins de la même chose ».

Lorsque l'on dit à quelqu'un : « Comment, vous n'avez pas lu cet ouvrage ? », on constate en général chez l'interlocuteur la manifestation d'un intérêt gourmand, nuancé d'une pointe de surprise inquiète, accompagné d'une inclinaison de la tête et d'un léger froncement de sourcil. On dispensera l'interlocuteur de ce rituel de mimiques complexe destiné à sauver la face et à excuser son inexplicable ignorance momentanée et l'on économisera quelques formules stéréotypées en recadrant le manque de lecture évoqué plus tôt : « Tu as de la chance de ne pas l'avoir lu, tu as du plaisir en réserve. »

Au jeune homme qui bégayait et qui désespérait de devenir vendeur, le thérapeute fit remarquer que les gens sont souvent agacés par ces vendeurs qui s'expriment avec aisance, dont la facilité d'élocution et la maîtrise dans l'argumentation donnent le sentiment d'un discours préfabriqué qui finit par faire barrage. Il lui fit remarquer aussi avec quelle attention on écoute celui qui a un défaut d'expression et le patient reçut l'ordre de bégayer beaucoup même si, pour des raisons incompréhensibles, il avait tendance à moins le faire spontanément.

Le recadrage doit être convaincant et donc d'abord être compatible avec la carte mentale, la vision du monde du destinataire. Il doit donner une nouvelle signification plus pertinente à la nouvelle situation. C'est pourquoi il implique de rechercher d'abord quelle pouvait être l'intention positive cachée du comportement précédent. Aussi, sauf à titre de gymnastique préparatoire, le recadrage ne peut-il pas être préparé en grandes séries. Il relève du sur-mesure.

Entraînez-vous

Entraînement 1

Quel est l'objectif?

Faute de pouvoir changer la réalité, il est souvent plus efficace de modifier notre façon de la percevoir. Le recadrage positif permet de modifier notre carte mentale ou celle de notre interlocuteur.

Comment se déroule-t-il?

1. Dresser une liste de circonstances désagréables auxquelles on peut être amené à faire face sans pouvoir rien y changer.

2. En proposer une lecture positive en prenant en compte d'autres éléments du contexte.

Exemples:

1. Lamartine: «Un seul être nous manque et tout est dépeuplé.»

2. Giraudoux: «Un seul être nous manque et tout est repeuplé.»

Vers le vingtième kilomètre d'un marathon, un petit groupe de coureurs évolue tristement, tête baissée, dans le froid, sous la bruine. L'un des coureurs a rendu le moral au groupe en estimant: «C'est bien organisé cette course, on nous a même fourni un brumisateur cosmique!»

3. Un psychologue se plaint à une collègue: «J'ai des ennuis avec la directrice de cette école, elle proteste parce que je ne me suis pas occupé suffisamment des cas difficiles.» Réponse de recadrage: «T'as de la chance, elle voudrait te voir davantage!»

Note: si l'on applique cette technique de recadrage positif à des situations que l'on pourrait modifier, elle peut constituer de façon perverse un encouragement à la passivité.

Entraînement 2

L'un des plans du film *Les Damnés* de Visconti montre un jeune homme blond aux yeux bleus qui chante d'une voix juvénile un air du folklore allemand. Dans un deuxième temps, un zoom arrière permet au spectateur de s'apercevoir qu'il s'agit d'un nazi qui chante devant ses pairs.

Trouvez d'autres exemples de ce type de recadrage cinématographique.

Entraînement 3

Les traits d'humour relèvent souvent de la technique du recadrage : « Ma femme et moi, on n'a aucun problème de communication, on ne se parle pas. »

Trouvez-en dix autres.

Entraînement 4

Une entreprise de pneumatiques se posait la question suivante : « Faut-il remplacer la vieille machine à emballer les pneus dans du papier crépon ou faut-il se contenter de changer la pièce défectueuse ? » Une voix s'autorisa à recadrer le problème. Pourquoi enveloppe-t-on les pneus dans du papier crépon ? » (Cette précaution était nécessaire au temps des gommes défectueuses, l'usage en était resté alors que les gommes actuelles ne le justifient plus.)

Trouvez d'autres exemples d'un apport positif effectué par un candide qui sort du cadre.

Entraînement 5

Pendant leur formation, certains cadres d'entreprise sont vivement encouragés à participer à des stages hors limites, à sauter d'une table, les yeux fermés, dans les bras de leurs collègues.

Peut-il s'agir de recadrage ? Qu'en pensez-vous ?

Entraînement 6

Trouvez dix adjectifs ou phrases qui puissent définir autant d'aspects généralement considérés comme négatifs de votre personnalité.

Recadrez-les positivement.

Comment le cerveau droit utilise-t-il le langage analogique ?

Le langage digital, c'est celui de la science, de la conceptualisation, des analyses, celui des signes conventionnels. Il désigne le contenu intellectuel, verbal de la communication.

Le langage analogique, le terme est également emprunté à l'informatique, désigne ce qui est non verbal, synthétique, métaphorique, intuitif dans le langage.

Les effets de la communication semblent avoir montré que le cerveau gauche et le cerveau droit ne fonctionnent pas de la même façon, n'utilisent pas le même langage. Le cerveau gauche effectue des assemblages, des analyses logiques. Il est concerné par la logique et l'administratif. Il adopte la démarche de Sherlock Holmes.

Le cerveau droit, c'est Maigret. Les images, l'atmosphère, la musique, les mythes, l'analogie, la créativité ; c'est la vision globale (métonymique) de celui qui peut reconnaître un visage en n'en voyant qu'une partie. Faire travailler le cerveau droit, c'est traduire les concepts en images.

Bateson raconte que la mère d'un schizophrène vient voir son fils à l'hôpital. Celui-ci l'accueille en lui passant la main autour du cou. Elle se raidit. Aussitôt, il s'éloigne et elle lui dit : « Alors, tu ne m'aimes plus ? » Il rougit et elle conclut : « Il ne faut pas avoir honte de tes sentiments ! »

Les mots qu'elle a prononcés et qui s'adressent à l'hémisphère gauche sont en contradiction avec son mouvement de recul qui a été perçu par l'hémisphère droit. Elle lui a imposé une double contrainte.

Les perceptions sont incompatibles et, selon Bateson, si la version de l'hémisphère droit est seule retenue, la réaction sera impulsive, illogique, archaïque… psychotique. Si le conflit entre les deux perceptions n'est pas résolu, cela produira une violente décharge émotionnelle (en fait, le jeune schizophrène précédemment cité a agressé par la suite un infirmier). Enfin, si l'hémisphère gauche triomphe, le comportement sera cérébral et caractérisé par un contrôle sévère.

Quelles conclusions pratiques tirer de ces considérations?

Vouloir changer, c'est souffrir du décalage entre la conception que l'on se fait du monde et l'image que nous en avons. Depuis Épictète, on sait que : « Ce ne sont pas les choses elles-mêmes qui nous troublent, mais l'opinion que nous en avons. »

Notre image du monde se conçoit essentiellement en langage analogique, dans la langue de l'hémisphère droit et, de façon générale, on a beau savoir, comprendre, raisonner, argumenter, réfuter, ce n'est pas ce qui modifie un comportement dont on voudrait se défaire.

Pour changer, il faut donc apprendre le langage de l'hémisphère droit et, pour ce faire, Paul Watzlawick préconise trois démarches qui peuvent se combiner :

a) Employer les structures linguistiques de l'hémisphère droit ;

b) bloquer l'hémisphère gauche ;

c) prescrire des comportements spécifiques.

Parler comme l'hémisphère droit

C'est pratiquer le mécanisme de *condensation* qui permet la fusion de plusieurs idées en une seule image. C'est le mécanisme des rêves, des mythes, des contes de fées et des jeux de mots. Il provoque l'explosion de la carte mentale. Le boucher qui enveloppe le steak de son client et s'inquiète de savoir si c'est pour offrir s'offre une chance d'opérer une transfiguration thérapeutique de son interlocuteur en transformant sa tristesse en jubilation extatique.

Le langage figuratif a, par exemple, permis à Milton Erickson de résoudre le problème de frigidité d'une jeune femme à qui il a demandé d'expliquer dans le détail comment elle s'y prendrait pour dégivrer son réfrigérateur. Les aphorismes, calembours et sous-entendus permettent d'éviter l'intrusion parfois nocive de l'hémisphère gauche.

Le blocage de l'hémisphère gauche

Il peut être obtenu en submergeant l'interlocuteur d'inepties pseudo-logiques et complexes, tout en glissant, de temps à autre, une formule percutante, positive, concrète et suggestive qui prendra d'autant plus d'importance dans le climat de conscience altéré, hypnotique qui aura été créé.

La double contrainte, l'utilisation de l'alternative illusoire et des paradoxes, le recadrage produiront le même effet, ce qui sera particulièrement bénéfique lorsque le problème comportemental sera issu d'une tentative de solution opérée par le cerveau gauche. L'insomniaque, qui se dit : « Je veux dormir, il faut que je dorme », ne fait qu'aggraver son problème en se raisonnant. On l'aidera peut-être davantage en lui prescrivant de garder scrupuleusement les yeux ouverts jusqu'à ce qu'il soit endormi.

La prescription de comportement

L'un des objectifs de l'École de Palo Alto est de faciliter le changement, l'apprentissage d'un autre comportement. Pour comprendre les mécanismes qui président à cette évolution, il était naturel qu'elle se penchât sur la façon dont se produisent les changements spontanés. Si certaines perceptions ou expériences nouvelles ne s'intègrent pas à l'image que quelqu'un se fait du monde, cette image change, au moins en partie.

L'un des moyens d'accéder directement à l'hémisphère droit est de prescrire à la personne un comportement nouveau, suffisamment acceptable pour qu'il n'y ait pas de résistance excessive (refus, dénégation ou suradaptation...) et suffisamment dérangeant pour qu'il entraîne un changement. Plus le changement prescrit sera insignifiant et, apparemment, éloigné du problème considéré, mieux il sera accepté.

À un étudiant paralysé par l'angoisse de commettre une erreur, inhibé par son perfectionnisme, incapable de terminer sa thèse parce qu'il a le sentiment que tous les regards guettent la moindre imperfection dans son travail, Erickson prescrit de s'exposer volontairement au ridicule en public à plusieurs reprises et sans prendre de vrais risques : ainsi, après avoir commandé une spécialité chinoise dans un restaurant mexicain et avoir demandé son chemin pour se rendre dans un lieu où il se trouvait justement, l'étudiant s'est trouvé libéré, sans autre analyse ou interprétation des paralysies d'écriture qui le handicapaient.

On est assez loin, dans ces démarches vers le cerveau droit, des pratiques habituelles de l'analyse, de l'interprétation et de la prise de conscience.

Entraînez-vous

Un mari apporte à son épouse une aide extrêmement ponctuelle et passablement dérisoire en essuyant une petite cuillère ou en ramassant deux ou trois herbes folles dans le jardin qu'elle est en train de sarcler. Il accompagne son activité, assez peu fébrile, de considération méthodologiques dont la hauteur de vue et la technicité de vocabulaire ainsi que la ferme assurance du ton employé contrastent singulièrement avec le silence besogneux de sa conjointe affairée.

Étant parvenu à la fin d'une période oratoire, et confronté à un silence qui ne saurait servir d'écrin digne des perles de pensée qu'il vient d'enfiler, le mari ponctue ses conseils par une considération émue : « Heureusement que je suis là pour t'aider ! » L'épouse rétorque, avec un laconisme stupéfiant : « Tu parles ! — Bien, si tu veux, conclut-il, je vais te laisser terminer toute seule », et de s'éloigner à pas comptés, digne dans sa démarche et le regard accommodant à l'infini.

On pourra analyser cette scène à l'aide des concepts de « transactions », de « jeu » et de « strokes » empruntés à l'analyse transactionnelle ; « synchronisation » et « désynchronisation » verbale ou non verbale (PNL) ; « double contrainte et paradoxes » (Palo Alto)…

Que peut faire l'épouse si elle souhaite se faire aider ? Pour répondre à cette question, il sera opportun d'inventer tout contexte précis qui vous agréera.

Quel bénéfice tirer des métaphores ?

Les orateurs charismatiques ont appris depuis longtemps que le langage des sophistes ou les abstractions théologiques étaient moins utiles auprès des agriculteurs et des éleveurs que les paraboles du bon grain et de l'ivraie ou de la brebis perdue.

Promouvoir, susciter, conforter, enrichir

Lorsqu'une situation paraît bloquée, pour promouvoir une idée, pour susciter un désir, on pourra utiliser une métaphore qui conforte ou qui enrichit la carte mentale, la vision du monde de l'interlocuteur.

À Einstein, son père disait, paraît-il : « Un "x", c'est une petite bête et toi, tu es le chasseur. »

Exemple

Je suis occupé à une tâche un peu difficile : le montage d'une maquette par hypothèse. Le travail m'intéresse, il nécessite beaucoup de patience, une bonne dose de créativité, un soupçon de réflexion et surtout de la concentration. Je souhaite réussir seul. Or, mon univers sonore et visuel est encombré par la présence obstinée d'un copain qui observe et me conseille assidûment : « Tu devrais faire comme ça, tu te trompes de composants, à ta place… »

Il est gentil, et si je lui reproche très raisonnablement de me déranger, il sera tenté d'entamer un jeu de Sauveur ou de Persécuteur : « Je vois bien que tu ne t'en sors pas et j'essaie seulement de t'aider. » Je gagnerai peut-être du temps et de l'énergie en lui manifestant, de façon imagée, les désagréments émotionnels qu'il occasionne. Par exemple : « Attention, tu es en train de marcher sur mes ailes ! »

L'effet surprenant et ludique de la métaphore sera peut-être efficace, sinon… on essaiera autre chose.

Entraînez-vous

Construction de comparaisons, de métaphores

Entraînement 1

1. Choisissez une phrase qui servira de modèle de référence pour la construction des comparaisons. L'élément comparant pourra être abstrait, l'élément comparé pourra être concret ou inversement.

Exemple : « La culture (abstrait), c'est comme la confiture (concret), moins on en a plus on l'étale. »

2. a) Constituez une liste de mots par lesquels on remplacera le mot « culture » (termes abstraits, par exemple).

b) Constituez une liste de mots par lesquels on remplacera le mot « confiture » (termes concrets, par exemple).

3. Trouvez le point commun précis, insolite, séduisant qui servira de lien.

Exemples fournis par des étudiants :

« Les profs c'est comme les chaussures, on les brosse et on les fait marcher. »

« L'amour, c'est comme les chaussures, il faut être deux et s'enlacer. »

« L'angoisse, c'est comme les lavabos, ça fait mal quand on cogne dessus. »

« Le communisme, c'est comme la choucroute, c'est lourd et ça vient de l'Est. »

« Le libéralisme, c'est comme le vent, c'est léger et ça vient de l'Ouest. »

On pourra être plus ou moins exigeant sur le respect de la structure matrice, l'objectif est de stimuler la créativité, de faire fonctionner le cerveau droit, de s'adresser à l'imagination, d'augmenter nos chances d'accrocher le canal de communication préféré de l'interlocuteur.

Entraînement 2

1. Trouvez le maximum de points communs entre deux éléments apparemment fort étrangers l'un à l'autre. Exemples : une montre et une jeune fille, une vache et un fauteuil, etc.

2. Si plusieurs groupes travaillent en même temps, on pourra leur proposer le même sujet, en limitant la durée de la recherche ; les points communs trouvés ne sont pas toujours les mêmes.

Entraînement 3

Formulez une idée abstraite et élaborez trois versions de la même idée pour un Visuel, un Auditif, un Kinesthésique.

Exemples :

1. Il est aberrant de vouloir être cadre sans apprendre les techniques de communication. C'est comme si…

V. On regardait un documentaire sur les poissons exotiques en noir et blanc.

A. On se rendait au concert en mettant des boules Quiès.

K. On savourait un foie gras sans l'accompagner d'un verre de sauternes.

2. Travailler sans avoir déterminé exactement le but à atteindre, c'est comme…

3. Ne pas prendre d'assurance vie quand on est père de famille…

4. Convaincre un commercial avec des arguments de technicien…

5. Argumenter sans avoir établi une bonne relation au préalable…

6. Redoubler une classe, c'est comme… (Rien n'interdit à la métaphore de rendre positif cet événement, s'il est devenu inéluctable.)

7. Réviser pour un examen…

8. Passer des vacances dans le plâtre…

9. Visiter des appartements à louer…

10. Construire des métaphores, c'est transformer un trajet grisâtre en croisière radieuse.

Comment utiliser la discontinuité dans les niveaux d'apprentissage ?

En orientant ses recherches vers les techniques de modification de comportement, l'École de Palo Alto a été amenée à réfléchir au phénomène de l'apprentissage. Les changements sont des apprentissages de comportements nouveaux et, pour promouvoir ces changements, il pouvait être utile de comprendre comment s'opère un apprentissage.

L'image schématisée traditionnelle de cette démarche est celle d'un mouvement devenu réflexe : un stimulus donné provoque une réaction donnée, sans évolution. Il s'agit de l'enregistrement simple d'une information. Le phénomène pourra se répéter à l'identique, machinalement. C'est l'*apprentissage zéro* selon Bateson.

Mais l'une des originalités de Palo Alto est d'introduire l'idée d'une discontinuité dans les niveaux d'apprentissage, ce qui aura des conséquences sur la façon dont on pourra imaginer de promouvoir un changement. Il y a *apprentissage de niveau I* lorsque, à un même stimulus, le sujet va donner une réponse différente dans le temps. Il s'agit là de réflexes conditionnés qui peuvent expliquer une partie significative des comportements humains. Le chien salive devant sa nourriture, si on l'associe au son d'une clochette, il pourra apprendre à saliver au seul son de la clochette. Skinner a pu montrer que ce type d'apprentissage pouvait faire l'objet d'un renforcement positif (les gratifications), ou d'un renforcement négatif (les punitions, qui susciteront l'évitement de ce qui les aura provoquées).

L'apprentissage de niveau II, c'est le transfert d'apprentissage, la transposition de ce qui a été appris à d'autres contextes. Il implique une aptitude à établir une *discrimination* entre des contextes différents ou, à l'inverse, l'aptitude à *généraliser*, à unifier des contextes apparemment différents.

Un groupe d'étudiants effectue un tour du monde en voiture. Lors de leur passage au Nicaragua, ils sont pris pour des espions et vont être fusillés. Ils ont alors l'idée d'expliquer qu'ils sont des amis de Michel Platini, ce qui place leur relation avec leurs interlocuteurs du moment dans un autre contexte, dans lequel les liens et le temps peuvent être structurés différemment. Apprendre à apprendre est la consigne généralement donnée à des étudiants dont le savoir, dans cinq ans, sera déjà daté, voire obsolète.

L'apprentissage de niveau III, que Bateson présente comme rare et difficile, consiste à apprendre comment on a appris à apprendre. Il s'agit de prendre conscience de nos modèles d'apprentissage de niveau II et de les modifier, ce qui est d'autant plus improbable que les scénarios de comportement de niveau II, appris dans l'enfance et généralement inconscients, constituent une façon de ponctuer des événements, une carte mentale autovalidante. L'apprentissage de niveau III relèverait de la thérapie ou de la conversion religieuse : la stratégie pour provoquer cette évolution pouvant être de proposer à la personne des doubles contraintes qui la confrontent aux difficultés inhérentes aux principes qui guident son comportement. En disant : « Méfiez-vous ! » à celui qui nous dit qu'il se méfie de nous, on l'oblige à se méfier de quelqu'un qui lui dit de se méfier, ce qui peut l'inciter au type de conversion évoqué.

Nos apprentissages sont donc fortement liés aux contextes dans lesquels ils ont été effectués ; l'une des stratégies de changement pourra donc être de changer le contexte dans lequel un comportement donné s'effectue pour qu'il soit amené à se modifier.

L'adolescent s'attend aux récriminations habituelles, à une scène et à un conflit d'autorité parce que, comme d'habitude, il rentre vers deux heures du matin alors que ses parents lui ont donné l'ordre de rentrer avant minuit. S'il trouve porte close, si les parents endormis descendent lui ouvrir en s'excusant de l'avoir fait attendre sous la pluie et dans le froid, le comportement va devoir changer.

Les contextes dans lesquels s'effectuent la plupart de nos apprentissages un peu élaborés, sont des contextes de communication. Nous sommes le produit de nos relations à autrui, aussi une stratégie de changement pourra-t-elle avoir comme principe non pas d'agir sur la conduite incriminée elle-même, mais sur la perception que le sujet a du contexte dans lequel il évolue.

Exercice proposé par Bateson

Une mère offre une glace à son fils chaque fois qu'il mange des épinards. Que faudrait-il que nous sussions de plus pour prévoir si l'enfant est incité :

a) à aimer ou à détester les épinards ?

b) à aimer ou à détester les glaces ?

c) à aimer ou à détester sa mère ?

Selon Edward Hall, il existe trois formes d'acquisition du savoir.

Une manière *formelle* lorsque l'adulte, investi d'autorité, formule des prescriptions ou des injonctions indiscutables. « Tu ne peux pas faire ça. » « C'est comme ça qu'on fait. » Il n'y a pas d'explication qui soit donnée sur la raison d'être du processus préconisé. On apprend, de cette façon, les règles de l'orthographe ou les règles comportementales.

Une manière *informelle* d'apprendre est induite lorsque l'enfant qui pose une question s'entend répondre : « Tu comprendras plus tard. » « On verra ça quand tu seras grand. » « Tu poses trop de questions. » « Regarde comment font les autres. » Il n'y a pas de professeur pour apprendre à grimper aux arbres. Ce type d'initiation se fait grâce à l'imitation de modèles qui peuvent être des acteurs ou des héros. Entraver ce processus trop souvent peut hypothéquer l'aptitude à cette forme d'apprentissage importante.

Une manière *technique* qui ne dépend plus des capacités de l'élève, de sa faculté d'imitation, mais davantage d'une présentation adéquate du sujet : le critère est l'aptitude de l'élève à respecter des instructions.

Tel ou tel type d'apprentissage pourra être préféré. Un exercice classique de communication consiste à placer deux personnes face à face, séparées par un obstacle qui les empêche de voir ce qu'elles font mais pas de s'entendre. L'une dispose d'une forme géométrique sur sa feuille, l'autre dispose de pièces de puzzle qui peuvent lui permettre, en suivant les instructions, de réaliser ladite forme. Il arrive que ce soit celui qui joue le rôle du cadre, celui qui a la forme, qui prenne le leadership, mais il arrive aussi que ce soit l'inverse et que celui qui est sur le terrain (rôle de personnel d'exécution) reprenne le pouvoir en imposant ses questions, sa méthode, son rythme.

Il arrive que le récepteur soit exigeant, ou tendu : l'apprentissage formel s'accompagne facilement d'émotions, quelquefois il n'écoute plus et essaie de s'en sortir seul. Quand il parvient à deviner la fin et à terminer seul, il oublie parfois de prévenir son partenaire. Les dernières pièces à placer font quelquefois l'objet d'une consigne désinvolte : « Il reste trois pièces, tu te débrouilles », qui suscite l'inquiétude du récepteur : « Oui, mais comment je fais alors ?... » ou provoque sa jubilation enthousiaste.

Dans quelles structures d'apprentissage l'exercice s'est-il déroulé ? Quel est le système que l'un ou l'autre s'est efforcé de mettre en place ? Quelles ont été les réactions au pouvoir, à la nouveauté et à l'échec ? Quel type de relations s'est révélé le plus efficace ? Ce modèle de comportement est-il généralisable ?

Telles sont quelques-unes des questions qui permettent de repérer le style de communication qui nous est le plus favorable pour mettre en place un apprentissage réussi. Comment ai-je appris à nager, à conduire, à lire, à jouer d'un instrument ? Quand ai-je pris du plaisir à apprendre ? Comment suis-je efficace ?

Si les changements préconisés tiennent compte de la culture formelle du destinataire, ils seront mieux acceptés. Les Américaines ont très peu acheté les premiers appareils électroménagers qui ont été mis à leur disposition pour leur faire gagner du temps et leur rendre la vie plus facile. Il était normal qu'elles travaillassent puisque leur époux travaillait lui-même pendant ce temps. Quand la réclame leur a précisé qu'il fallait avoir des appareils électroménagers pour être plus disponible à son mari et à ses enfants, leur vente s'en est trouvée facilitée.

En la circonstance, l'apprentissage d'un nouveau comportement suscitait des résistances culturelles. Une démarche adéquate de recadrage exigera de la flexibilité dans la prise en compte d'un contexte qui ne se réduit pas à des valeurs mais implique également toutes les données de ce que Hall appelle le « langage silencieux » : rapports au pouvoir, au temps, à l'espace…

Entraînez-vous

Entraînement 1

a) Faites varier le plus possible le contexte horizontal (c'est-à-dire les échanges qui précèdent et ceux qui suivent) et le contexte vertical (la relation entre les protagonistes et le système où elle s'insère) des répliques suivantes afin de leur donner une valeur communicative différente.

Exemple : «Je t'ai apporté des bonbons parce que les fleurs c'est périssable» sera accueilli différemment par un homme ou par une femme, de la part d'un adulte ou d'un enfant, en public ou en privé, en temps de pénurie ou d'abondance, par un boulimique ou un anorexique...

«Mais, ma pauvre Mathilde, ce collier était faux.» Maupassant.

«L'homme est malheureux parce qu'il ne sait pas qu'il est heureux.» Dostoïevski.

«J'aime beaucoup ce que vous faites.» Desproges.

«Je recommande cordialement à tous la Gestapo.» Freud.

«Chaque jour et dans chacun de leurs aspects, les choses ne cessent de s'améliorer.» Émile Coué.

b) Présentez un récit de dix lignes à quelques pages qui se termine par l'une des phrases précédentes.

Entraînement 2

Fournissez quelques exemples précis de comportements de communication qui ne relèvent pas du langage parlé. (Par exemple, communication vestimentaire par le choix de tel type de chaussures ou de cravate...).

Comment tirer parti de la proxémique qui étudie la perception et l'usage de l'espace

On ne retiendra ici de ces recherches intra et interculturelles que ce qui peut concerner très directement la communication quotidienne, professionnelle ou pas.

Parmi les éléments du contexte à prendre en compte pour analyser une communication figure l'organisation de l'espace. La proxémique est «l'étude de la perception et de l'usage de l'espace par l'homme».

Elle constitue le sujet d'études d'Edward Hall qui définit quatre distances : intime, personnelle, sociale et publique, en se référant en particulier à l'éthologie. L'observation de la façon dont les mouettes rieuses vont se percher sur un câble montre, en effet, qu'elles respectent certaines distances entre elles et il semble que les animaux aient eux aussi une distance intime, personnelle et sociale.

La distance intime

La distance intime, jusqu'à 40 cm de la personne, implique une vision déformée du visage de l'autre. Il est physiquement accessible d'un geste. Sa respiration est perceptible, chaleur et odeur également. La voix, si elle est utilisée, se fait murmure. L'utilisation du métro ou de l'ascenseur impose parfois cette distance à des étrangers, ce qui induit la mise en œuvre de démarches défensives comme l'immobilité maximum ou la contraction musculaire. Tenir compte de cette distance pourra faciliter ou entraver la synchronisation.

La distance personnelle

La distance personnelle, jusqu'à 1,25 m, définit la distance à laquelle se tiennent deux personnes qui pourraient se toucher, si toutes deux tendaient le bras. Le relief des traits est accentué, la hauteur de la voix est modérée. Il s'agit d'une bulle où n'entre pas n'importe qui ; y faire entrer quelqu'un ou l'en faire sortir constitue un message qui pourra être à l'origine d'une double contrainte, si le contenu des propos n'est pas congruent avec la démarche effectuée.

La distance sociale

La distance sociale, jusqu'à 3,60 m, est la distance des négociations impersonnelles, du travail en commun, des réunions informelles ou peu formelles. La présence d'une table peut induire ce genre de distance. Le contact oculaire y acquiert davantage d'importance pour maintenir la relation que dans les distances moins importantes. La déléguée médicale qui franchit cette distance pour déposer ses échantillons plus près du médecin risque d'entrer dans une bulle où il n'est pas sûr qu'elle soit bien reçue.

La distance publique

La distance publique, au-delà de 3,60 m, oblige à s'exprimer à voix haute. Le langage y subit des transformations lexicales et syntaxiques. Gestes, postures et élocution y sont théâtralisés, on se donne en spectacle. L'idée d'un contact est exclue.

Bien qu'Edward Hall conçoive, comme l'indique la précision des chiffres qui précèdent, le comportement territorial comme fixe et rigide, il précise des différences de seuil :

• d'ordre infraculturel, biologique ;

• d'ordre culturel ; le jardin japonais sera lieu de promenade autant que lieu d'observation, les sensations kinesthésiques y seront intensifiées par la nécessité d'y surveiller sa marche ;

• d'ordre microculturel enfin, comme en témoignent nos façons de ranger ou de manier les objets.

Le sentiment de la distance dépend également du bruit ambiant et de l'éclairage de l'endroit ; pour aller un peu plus loin dans cette direction, on rappellera l'exemple de cette entreprise américaine où l'on avait obtenu une augmentation de rendement en améliorant l'éclairage de l'atelier des ouvrières. Par hasard, le niveau de l'éclairage avait été ultérieurement baissé, ce qui avait entraîné, paradoxalement, une nouvelle augmentation du rendement. L'attention portée au contexte, au sens tout à fait matériel du terme, même s'il ne s'agit pas d'une amélioration, importe dans le cadre d'une analyse systémique.

Entraînez-vous

Entraînement 1

Préparez une déclaration de nature confidentielle qui ferait d'ordinaire l'objet d'une conversation intime ou discrète, et faites-en une lecture solennelle et publique à bonne distance de votre auditoire.

Entraînement 2

En groupe puis par deux.

1) Les participants déambulent dans la pièce en occupant l'espace, sans se parler, sans se heurter, sans se regarder, sur un rythme de déplacement dont on pourra faire varier la vitesse.

2) Les participants se découvrent, toujours non verbalement. Ils peuvent se scruter de près, sans qu'il y ait contact physique. Les autres sont des objets que l'on peut observer comme tels.

3) Au signal donné par l'animateur, on formera des paires au « hasard » des rencontres et les deux participants de chaque paire s'installeront face à face : ils ont pour consigne de se regarder, sans parler et sans rire.

L'exercice n'est pas facile. Certains abandonnent. Le commentaire pourra porter sur ce qui se passe, les enjeux, la distance sociale et la distance intime, le langage comme « lubrifiant social », comme instrument de distanciation.

Entraînement 3

Exercice par deux.

A donne une poignée de main à B, comme il le fait d'ordinaire. B commente l'effet produit, le message transmis spécifiquement par les caractéristiques de cette poignée de main (forme, amplitude, rythme et durée du geste). A fournit ensuite le même type de commentaire à B (chaleureux, dynamique, distant, désinvolte, mou, ferme…).

Dans un second temps, on essaiera d'autres poignées de main, d'autres bouquets de doigts. Au-delà des dérives vers l'excès et la caricature, on restera conscient que la poignée de main est l'un des premiers strokes, ancrages, élément de contexte d'une relation.

Chapitre 3

UTILISER LA PROGRAMMATION NEUROLINGUISTIQUE

La programmation neurolinguistique a été créée autour de 1975, essentiellement par Richard Bandler (mathématicien, psychologue et cybernéticien) et John Grinder (psychologue et linguiste).

Leur point de départ a été une observation systématique de Virginia Satir, praticienne de la thérapie familiale, de Fritz Perls, adepte de la Gestalt, et de Milton Erickson, utilisateur de l'hypnose : ces thérapeutes renommés, partis de théories pourtant différentes, obtenaient néanmoins des résultats pratiques excellents.

Cela conduisait à penser qu'au-delà de leurs propos divergents, ils avaient des pratiques de communication, des façons d'entrer en contact et de conduire la relation qui se ressemblaient : leur manière d'agir importait davantage que ce qu'ils disaient.

L'objectif de la programmation neurolinguistique est donc :

- de proposer la description des comportements les plus efficaces afin qu'ils puissent être reproduits, de « modéliser l'excellence » ;
- ou encore de rendre explicites et transmissibles pour d'autres utilisateurs des techniques relevant du feeling, de la réaction immédiate apparemment trop rapide pour être réfléchie, de « rationaliser l'intuition ».

Le terme « programmation » fait référence au fait que chacun d'entre nous élabore des stratégies répétitives. Il existe un programme « prise de décision » que nous reproduirons quelle que soit la décision à prendre. Il existe, de la même façon, des systèmes de saisie ou de traitement des données. L'analogie avec l'ordinateur et l'informatique permet de concevoir que le cerveau élabore des stratégies comportementales que l'on pourra décoder pour les reproduire ou les modifier.

Le terme « neuro » fait référence aux modes de perception de la réalité. Est-on plus visuel ? Plus auditif ? Pour percevoir l'importance de cette donnée, imaginons un enfant qui retient surtout ce qu'il voit et dont l'instituteur n'écrirait rien au tableau[1]... Nos perceptions engendrent des états intérieurs et des comportements : « Quand tu me prends dans tes bras, je vois la vie en rose. » Les mécanismes de surgissement de l'émotion, des phobies, peuvent être analysés : quelles sont les relations entre les processus internes et les comportements apparents ?

Le terme « linguistique » concerne aussi bien le langage verbal (ses limites, ses pièges et ses spécificités) que le langage non verbal (ce que disent nos mouvements d'yeux, nos mimiques, nos postures et nos gestes).

En résumé, la programmation neurolinguistique ne se veut pas une théorie. Elle est compatible avec ce que Grinder et Bandler appellent les « psychothéologies ». Mais elle est, dès sa conception, une recherche de techniques et de méthodes destinées à améliorer la communication.

Que faire des cartes mentales ?

« La carte n'est pas le territoire »

C'est là l'une des formules célèbres de la sémantique générale de Korzybski. Autrement dit, il serait inopportun de confondre la réalité dont nous ne savons pas grand-chose et la façon dont nous nous la représentons. Si l'on peut écrire avec un stylo, on ne le pourra pas avec le mot « stylo ».

Nous n'avons pas de rapport direct avec la réalité, mais seulement des images du monde, des interprétations. Tout ce que nous percevons et pensons a été médiatisé par les catégories de notre

---

1. Voir Antoine de La Garanderie, *Les Profils pédagogiques*, Le Centurion, 1987.

entendement, par les particularités de nos canaux de perception, par la culture où nous baignons et notre propre histoire.

Un appauvrissement est inévitable pendant le nécessaire travail d'abstraction. Comme il n'est pas possible de donner un nom à chaque chose, il existe un paradoxe épistémologique selon lequel, au niveau de la perception, du non-verbal, on s'occupe des détails alors qu'au niveau du langage, avec les mots, il faut parler par généralités : pour connaître, il faut accepter de méconnaître, de négliger les détails. Chacun ne néglige pas ou ne retient pas les mêmes. Il est donc important, pour communiquer, de connaître les spécificités de la carte du monde de notre partenaire et la nôtre afin que le chemin que nous ferons l'un vers l'autre ne soit pas une errance ou un voyage au bout de la nuit.

Il pourra se révéler utile de changer cette image du monde sans se demander nécessairement *pourquoi* elle s'est instaurée (ce qui est la démarche analytique fréquente), mais ce qu'elle est (*quoi ?*) et *comment* elle fonctionne.

Pour parodier un spot publicitaire : « J'ai changé de voiture, j'ai changé de maison, j'ai changé de région, j'ai changé de métier, j'ai changé de mari et ça ne va toujours pas… — Et si tu changeais de lunettes ? »

Nous dépendons du langage que nous utilisons parce que celui-ci décrit moins la réalité qu'il ne la crée. Si l'on dit de quelqu'un qu'il est « normatif », que signifie-t-on exactement ? Quand l'est-il ? Avec qui ? Comment cela se traduit-il ? Depuis combien de temps ? Y a-t-il une évolution ? Le mot constitue un étiquetage hasardeux et qu'il convient de relativiser.

L'un des objectifs de la programmation neurolinguistique sera de déterminer quelles sont les limites et les richesses de la carte mentale d'une personne. Elle est à l'origine de nos comportements, aussi une tâche bénéfique peut-elle être de l'enrichir.

Exemple de représentation graphique d'une carte mentale à partir du « mot PNL » établie par association d'idées. Plus on raffine dans les ramifications, plus la projection cartographique pourra comporter des spécificités.

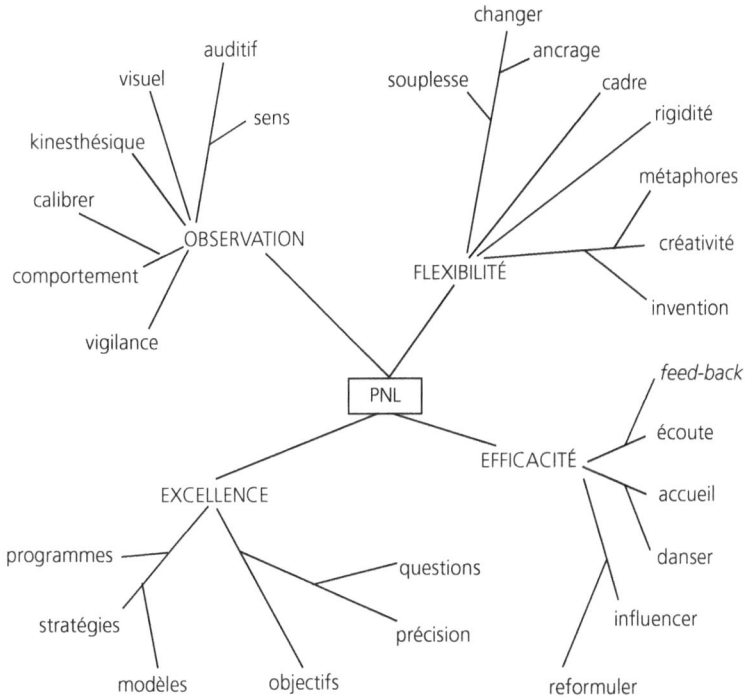

Entraînez-vous

Cartes mentales, décontamination de l'adulte

Entraînement 1

Vous êtes cadre dans une entreprise d'électroménager. Vous avez à votre disposition quatre collaboratrices. Toutes les quatre sont compétentes, elles travaillent avec vous depuis plus d'un an et toutes les quatre sont d'un physique suffisamment avenant pour ne pas faire sauver les clients (ceci étant précisé pour que l'esthétique ne soit pas invoqué comme critère de choix).

Exceptionnellement, vous devez emmener l'une d'entre elles, le samedi toute la journée de huit heures à dix-huit heures, pour tenir un stand d'exploitation et de vente. Ce sera payé en heures supplémentaires.

1. Le problème posé est : laquelle emmenez-vous ? La décision doit être prise en quinze secondes sachant que :

- Isabelle a 36 ans, elle est mariée, elle a trois enfants de 7, 9 et 12 ans ;
- Jacqueline a 31 ans, un enfant de 8 ans, elle est divorcée ;
- Kathy a 26 ans, un enfant de 2 ans, elle est mariée ;
- Laurence a 20 ans, elle n'a pas d'enfant, elle est fiancée.

2. Après avoir fait votre choix, vous réfléchirez aux critères qui vous ont fait choisir l'élue et à ceux qui vous ont fait éliminer les autres.

Si l'exercice est fait en groupe, on pourra demander aux participants de formuler leurs critères publiquement, après avoir procédé à un vote. On ne demandera pas aux abstentionnistes éventuels de s'expliquer tout de suite. Il convient de refuser tous les commentaires et toutes les questions avant que le choix ait été fait.

Les arguments de choix invoqués peuvent être très variés :

- les trois enfants ne peuvent pas rester seuls, ou au contraire, ils peuvent se débrouiller ;
- une femme qui a trois enfants et un mari, « ça reste chez soi » ou « s'occuper d'un stand, ça la changera » ;
- une femme divorcée, c'est plus libre, ça a besoin d'argent ou, pour une fois par semaine qu'elle peut s'occuper de son enfant… ;
- un enfant de 2 ans a besoin de sa mère ou son père pourra s'en occuper ;
- 20 ans, c'est trop jeune ou, à 20 ans, on est motivé.

Les arguments peuvent être nombreux et relèvent tous du préjugé et du stéréotype. Notre adulte est contaminé par des idées toutes faites. Notre choix révèle des éléments de notre carte mentale, de nos systèmes de valeur : quelle idée nous faisons-nous du rôle d'un mari, du divorce, de l'autonomie des enfants, de l'importance de l'âge ?

Commentaire

Qu'auraient fait les participants au choix s'ils n'avaient pas été obligés d'obéir aux règles intraitables de ce jeu abominable, c'est-à-dire choisir en quinze secondes ?

Comme l'information sur les quatre personnages concernés n'est pas suffisante, il n'est pas possible de faire un choix raisonnable soi-même. Sait-on si l'un des enfants n'est pas malade ? Si le fiancé de Laurence ne revient pas ce jour-là et seulement pour ce jour-là du service militaire ?...

La meilleure solution théorique, en dehors de tel ou tel contexte particulier, est donc d'informer les collaboratrices que l'une d'entre elles devra travailler ce samedi et de leur demander qui est intéressé.

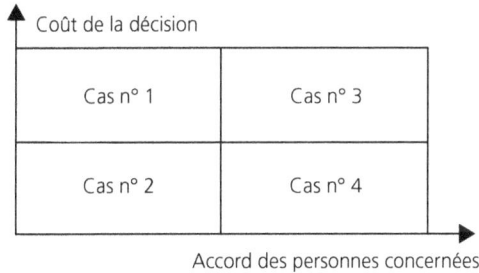

Accord des personnes concernées

Cas n° 1

Il y a des décisions pour lesquelles le coût est très élevé, alors que l'accord des personnes concernées intervient peu.

C'est le cas où il faut changer des rouleaux de laminoir : coût élevé, réglages, délais de livraison, conditions de maintenance. On prendra, dans ce cas, la décision sans déléguer aux ouvriers.

Cas n° 2

Ni le coût ni l'accord des personnes concernées ne constituent un enjeu important. Il n'y aura pas de procédure particulière. Par exemple, va-t-on regarder la première ou la deuxième chaîne ? Cela n'a pas vraiment d'importance sauf s'il y a un match de football, auquel cas le problème reprend une dimension dramatique.

Cas n° 3

Les enjeux sont ici importants aussi bien en ce qui concerne les coûts que l'accord des intéressés. Par exemple, des travaux ont été effectués au pied d'un immeuble, qui ont occasionné des dégâts et une allocation de crédits compensatoires : que va-t-on en faire ? Une pelouse, un parking, un terrain de jeux pour les enfants ? Qui va en décider ? Les locataires, les propriétaires, les propriétaires résidents, la société qui loue la plupart des appartements ? Il faudra des enquêtes, des entretiens, des réunions…

Cas n° 4

Nous sommes avec la question du stand électroménager. Le coût intervient peu : toutes les quatre sont compétentes ; l'essentiel est que notre collaboratrice, dans son stand, ne fasse pas une tête d'enterrement. En principe, on déléguera donc, dans ce cas, notre pouvoir de décision, si notre carte mentale ne s'y oppose pas.

Entraînement 2

La tradition rapporte volontiers des énigmes dont la solution ne vient pas spontanément à l'esprit, à cause de nos cartes mentales.

Jean-Baptiste Dupont est allongé dans son lit ; il voit un voleur pénétrer dans sa chambre et y dérober plusieurs objets précieux qu'il place dans un sac noir. Le voleur s'enfuit. Pourtant, Jean-Baptiste Dupont ne portera pas plainte. Pourquoi ?

Si l'on propose cette énigme à un groupe en lui demandant de ne pas formuler de questions mais de proposer des explications, beaucoup d'éléments seront remis en question :

La morale : Jean-Baptiste Dupont est lui-même un voleur ou un receleur ;

Les mœurs : il n'est pas dans sa chambre ;

La société : il n'y a pas de commissariat dans sa région ;

Il rêve, il est malade, il connaît son voleur.

Il faudra un temps appréciable avant qu'il ne devienne nécessaire de demander : « Comment imaginez-vous Jean-Baptiste Dupont ? » pour que quelqu'un réponde : « C'est un bébé. »

Dans notre carte mentale, avec un prénom double et nommé par son nom de famille, le personnage acquiert le statut d'un adulte.

Entraînement 3

Expression gestuelle en groupe

Solliciter quelques volontaires qui voudront bien mimer devant les autres, en même temps et en fermant les yeux, les gestes et les postures que leur évoquent les mots que l'on va successivement prononcer.

Les différences de gestes sont significatives des différences de cartes mentales.

Le mot « tirer » suscite des gestes de chasseur, pas toujours chez les hommes, et des gestes de tir à la corde ;

Le mot « mer », phonétiquement ambigu, suscite des évocations de nage, de bronzage, de navigation, d'allaitement, de bercement ;

Le mot « nouveau » provoque des mimiques de surprise, d'émerveillement, d'inquiétude qui indiquent clairement que, pour certains mimes, la nouveauté constituerait un argument de vente utilisable.

Entraînement 4

Deux sous-groupes ou deux personnes représentent graphiquement, indépendamment l'une de l'autre, leur carte mentale avec planètes et satellites d'un même mot, ce qui permettra une évaluation des différences.

Parle-t-on de la même chose, avons-nous les mêmes représentations quand nous employons les mots « études », « fête », « liberté », etc.

Pourquoi utiliser la synchronisation verbale ?

Dans une relation, un entretien, une réunion, une négociation, avant de mener la danse, il s'agit d'établir le contact, d'apprendre le rythme de l'autre. L'un des moyens est la recherche de la synchronisation verbale, par trois moyens :

- la reformulation ;
- la synchronisation syntaxique et stylistique ;
- la prise en compte des « prédicats » utilisés par l'autre.

La reformulation

Ce n'est pas une technique spécifiquement PNL. Néanmoins, le mérite de la PNL est de l'avoir intégrée dans un ensemble plus large de méthodes pour établir le contact.

Issue de recherches de Rogers sur la non-directivité, elle a été formalisée par Porter. Lorsque quelqu'un nous adresse la parole, nous avons des milliers de réponses possibles à notre disposition. Celles-ci peuvent, cependant, toutes être classées en six catégories.

Chacune des catégories de réponse peut induire une réaction particulière de la part de l'interlocuteur et, selon nos habitudes ou la situation, nous pouvons être tentés par l'une d'entre elles.

Les catégories de Porter

La catégorie évaluation

Elle indique que l'on s'arroge le droit de juger ce qui est bien ou ce qui est mal. En disant : « Cela est bien » ou « Cela est mal », on peut induire chez l'interlocuteur un comportement de soumission ou de rébellion. On se situe en Parent Normatif ou on l'infantilise. Cela induit une relation inégalitaire qui ne facilitera pas l'autonomisation de l'autre. Paradoxalement, par son caractère provocant, l'évaluation peut donner davantage de tonus à une conversation qui manquerait de relief.

La catégorie interprétation

Elle indique que l'on dispose d'une grille d'analyse préalable. La validation de celle-ci risque de nous intéresser plus encore que les aspects spécifiques des propos qui nous sont tenus. On n'entend que ce à quoi on s'attend.

Là aussi, on s'arroge une supériorité sur l'interlocuteur du moment. Elle est d'ordre intellectuel et peut aussi l'inférioriser.

Dans certains contextes, ou dans la dynamique d'une relation, balancer au partenaire une interprétation sauvage peut l'aider à se situer en formulant sa différence.

La catégorie soutien

En affirmant que « ce n'est pas grave », en encourageant ou en consolant, il pourrait sembler que l'on se conduise en irréprochable Parent Protecteur. Néanmoins, comme on le sait, celui-ci a autant d'aspects positifs que négatifs et il est possible que cette attitude revête des aspects pervers.

En effet, quelqu'un qui se plaint devant nous et dont nous dédramatisons les motifs d'insatisfaction aura l'air de se plaindre pour rien : il ne pourra retrouver sa dignité qu'en nous montrant que sa plainte est justifiée et donc en s'opposant à nous.

Il reste cependant que, si l'attitude de soutien ne règle pas les problèmes essentiels, elle apporte un secours d'urgence.

Investigation, enquête

On pose des questions pour en savoir davantage et l'on risque donc d'être perçu comme curieux, voire indiscret. Les questions porteront sur ce qui nous paraît digne d'intérêt et pas forcément sur ce qui préoccupe notre interlocuteur, ce qui sera perçu comme maladroit ou inopportun et risque de transformer l'entretien en interrogatoire.

Il reste que la question constitue, avec beaucoup d'interlocuteurs, un bon outil d'investigation.

Solution

Peut-on rêver mieux ? Quelqu'un commence-t-il à nous parler qu'on lui offre une solution. Cela semble non seulement efficace, mais aussi rapide. Le risque est de répondre prématurément à un problème que l'on connaît mal. Notre réponse est donc stéréotypée. On guérit la maladie mais on laisse tomber le malade. C'est un comportement du style « Il n'y a qu'à… » qui nous libère du plaignant.

Reformulation

C'est la technique généralement préconisée, utilisée dans les entretiens d'aide et, parmi d'autres, dans les entretiens d'embauche[1].

En reformulant, c'est-à-dire en répétant à l'autre sous une autre forme ce qu'il nous a dit, on lui montre qu'on l'écoute et que l'on ne déforme pas ses propos. On lui donne un autre éclairage sur le problème qu'il peut avoir. Il a l'occasion de corriger. On s'assure, pour soi-même, que l'on n'a pas déformé le message.

Comme on le voit, les avantages sont donc extrêmement nombreux et précieux. Cette méthode a le mérite de ne pas introduire de filtre ou de parasite dans la communication. Néanmoins, à l'usage, quelques précautions d'emploi se révèlent nécessaires.

- À l'utiliser de façon systématique et mécanique, « si je te comprends bien, tu veux dire que… », on obtient des dialogues de perroquets d'où les notions de plaisir et de créativité ont malencontreusement disparu.

- Le contexte ne justifie pas toujours l'emploi de cette technique et il serait vain de croire, bien que ce soit là une justification donnée à son emploi, qu'en reformulant, on n'influence pas l'interlocuteur qui se trouve fragilisé, parfois, quand il est conduit à s'exprimer plus qu'il n'en a l'habitude.

- L'exercice suivant permettra de savoir quel type de réponse on est tenté de privilégier et donc dans quelles ornières relationnelles on risquerait de s'embourber, de remarquer également les options que l'on néglige ordinairement.

---

1. Voir R. Mucchielli, *L'Entretien de face-à-face dans la relation d'aide*, ESF éditeur.

Entraînez-vous

Entraînement 1

a) Choisissez, pour chacun des six cas présentés, la réponse la plus proche (ou la moins éloignée) de celle que vous feriez à un copain qui vous parle.

b) Cherchez à identifier la catégorie à laquelle appartient chacune des phrases.

1. « J'ai complètement raté mon devoir de physique. »

   1) C'est ta faute, tu fais la fête et tu ne bosses pas.

   2) Tu as sans doute des difficultés d'abstraction.

   3) Tel que je te connais, tu te rattraperas sans problème en maths.

   4) Qu'est-ce qui s'est passé ? Qu'est-ce que tu avais fait la veille ?

   5) Tu n'as qu'à voir le professeur pour lui expliquer que c'est un accident.

   6) Ah bon, ça n'a pas marché.

2. « J'aime beaucoup cette fille mais je crois que je n'ai aucune chance. »

   1) Qu'est-ce qui te fait croire ça ? Est-ce que tu lui as parlé ? Quelle est ta phrase d'accroche ?

   2) Parle-lui, fais-la rire et puis emmène-la boire un pot.

   3) Tu as l'impression que ça ne va pas marcher.

   4) Elle est très bien et, évidemment, on ne peut pas dire que tu sois avantagé au départ.

   5) Tu ne risques pas grand-chose à essayer, on s'est tous planté un jour.

   6) Tu as dû en avoir des échecs pour être traumatisé à ce point-là.

3. « On s'est disputés, elle m'a dit qu'elle me quittait. »

   1) Vous n'avez sans doute pas de position symbiotique complémentaire.

   2) Qu'est-ce que tu lui avais fait ? Elle connaît un autre gars ?

   3) Vous êtes fâchés et ce serait fini entre vous.

4) C'est ta faute, tu te paies sa tête. Elle a bien raison.

5) Ça n'est peut-être pas bien grave. Un point noir dans un ciel bleu.

6) Je peux vous inviter ensemble à une soirée.

4. « J'ai oublié de faire mes exercices. »

1) Tu n'y as plus pensé, alors ?

2) Recopie-les au lieu d'aller manger.

3) Comment ça se fait ?

4) Ça m'étonnerait qu'il nous les réclame.

5) C'est significatif, tu craignais l'échec.

6) Ça ne m'étonne pas de toi !

5. « Je ne comprends pas comment ils font pour se payer des voitures à ce prix-là. »

1) D'ici un an, tu pourras t'en payer une aussi.

2) Ce sont des fils à papa ! Tu es bête de les envier.

3) Tu es jaloux parce que tu viens en métro.

4) Joue au loto ou fais un emprunt.

5) Qu'est-ce que tu voudrais comme voiture ?

6) Tu te demandes où ils trouvent l'argent ?

6. « Je suis content, vraiment, aujourd'hui, je suis content de moi ! »

1) Essaie de tout te rappeler précisément, tu t'en souviendras mieux.

2) Je te souhaite que ça se reproduise souvent, je suis bien content pour toi.

3) Si tu es sûr qu'il y a vraiment de quoi, tant mieux.

4) Ce qui s'est passé est probablement valorisant, narcissiquement, pour toi.

5) Tu sembles effectivement particulièrement satisfait.

6) Pourquoi dis-tu « aujourd'hui » ?

Mode d'emploi du tableau : si j'ai choisi la réponse n° 5 dans le cas n° 2 et la réponse n° 1 dans le cas n° 6, j'ai deux réponses dans le soutien. Les réponses sont-elles très dispersées ? Je suis influençable et à l'écoute de la différence.

Cas Attitude	Cas n° 1	Cas n° 2	Cas n° 3	Cas n° 4	Cas n° 5	Cas n° 6
A. Évaluation…	1	4	4	6	2	3
B. Interprétation	2	6	1	5	3	4
C. Soutien…	3	5	5	4	1	2
D. Enquête…	4	1	2	3	5	6
E. Solution…	5	2	6	2	4	1
F. Reformulation	6	3	3	1	6	5

Les réponses sont-elles très groupées? Je suis cohérent dans mon comportement, mais suis-je assez flexible?

Quelques questions à se poser.

- Aurais-je le même type de réponse avec quelqu'un de plus âgé, de plus jeune, une femme, un homme?
- Ai-je le même type de réaction quand on formule devant moi un sentiment de tristesse, de crainte, de peur, de colère, de joie?
- Notes
- Ne pas répondre à quelqu'un, cela peut être une manifestation d'indifférence, de mépris à son égard. Il s'agirait donc d'évaluation.
- La démarche de reformulation s'apprend en la pratiquant et il est très utile d'en disposer dans la panoplie des techniques que l'on maîtrise.

Entraînement 2

À pratiquer par groupe de trois: A, B et C.

A est interviewé par B sur une question. Par exemple: «Qu'est-ce qui compte pour toi aujourd'hui?»

B utilise la reformulation. C observe ce qui se passe dans la dynamique de l'entretien quand B sort de son rôle, en évaluant, en posant des questions, etc.

On pourra échanger les rôles pour que chacun ait l'occasion de reformuler, éventuellement en changeant de question. L'exercice est quelquefois implicant.

Entraînement 3

I. — Vous avez fait un stage, dit l'interviewer au candidat à un poste en entreprise.

C. — Oui, répond le candidat laconiquement avec une petite moue.

I. — On dirait que ça ne vous a pas tellement plu.

C. — Non, le travail n'était pas intéressant.

I. — Ah bon ?

C. — Ils ne m'ont pas confié de responsabilités, ils ne me faisaient pas confiance.

I. — Ils ne vous prenaient pas au sérieux !

C. — Non, je m'étais un peu planté au début.

I. ...

C. — Je ne connaissais pas bien le matériel et il n'y avait personne de disponible pour m'écouter.

Quelles techniques utilise I ? Quel est l'effet produit ?

Aurait-il été approprié en l'occurrence de demander : « Qu'est-ce que vous avez appris pendant votre stage ? Qu'est-ce qu'il y a eu de positif ? »

Heurs et malheurs de la synchronisation syntaxique et stylistique

Exemples vécus

Une étudiante d'une école de commerce participait à une action de vente sur le terrain, dans le cadre de sa formation.

L'objectif était de vendre des abonnements à un journal local à des clients potentiels qui l'avaient reçu gratuitement pendant trois jours.

— Monsieur, dit-elle à l'un de ses prospects, vous avez reçu le journal pendant trois jours, gratuitement, est-ce que ça vous a plu ?

— Ton canard, je l'ai même pas lu, j'en veux pas, je l'ai jeté ; avec la télé, j'en ai bien assez.

L'étudiante, un peu déconcertée et assez vexée par l'accueil, se maîtrisa et, formée qu'elle était à la reformulation, jugea utile de répliquer.

— Si je vous comprends bien, c'est là votre seul support médiatique.

Le client a giflé l'étudiante : utiliser un niveau de langue complètement étranger à notre interlocuteur n'aidera sans doute pas à établir un rapport chaleureux.

Apparemment, et comme pour la reformulation, celui qui se livre au mimétisme stylistique n'apporte rien dans la conversation.

Cependant, de la même façon que l'on ne peut pas ne pas communiquer, on ne peut pas ne pas influencer et, si l'on n'intervient pas ici au niveau du contenu, on intervient au niveau de la qualité de la relation en reconnaissant momentanément la vision du monde de notre partenaire.

Deux entreprises de formation présentaient chacune un programme de séminaire pour des chefs de rayon. La durée, le contenu et les tarifs étaient à peu près les mêmes. Les chefs de rayon décidaient en groupe et librement de qui les formerait.

Le choix fait, on leur a demandé sur quel critère ils avaient écarté l'autre équipe.

« Le gars qui est venu présenter l'autre équipe a dit : "Voici le cursus de formation que je souhaite vous proposer", et on s'est dit que son "cursus", il pouvait le remballer ! »

À tort ou à raison, ils avaient inféré, du langage utilisé, qu'ils avaient affaire à un théoricien abstrait qui leur aurait été moins utile dans leurs problèmes quotidiens. « Chacun dépend du langage qu'il utilise. » Après avoir fait l'éloge de ce type de mimétisme, on pourra réfléchir au cadre dans lequel on l'utilise.

On faisait, paraît-il, remarquer à la reine d'Angleterre que, peut-être, il pouvait ne pas être tout à fait opportun de porter ses plus beaux bijoux royaux pour une visite dans une banlieue pauvre de Londres. Elle aurait répondu : « Je ne veux surtout pas les décevoir ! » On lui proposait une sorte de mimétisme approximatif, elle préférait marquer sa différence. Dans un autre registre, les adultes vieillissants qui se livrent, par démagogie, par respect de la mode, par respect des valeurs actuelles, par peur de la mort, à un mimétisme vestimentaire, langagier ou comportemental des plus jeunes, sont peut-être plus attachants ou plus ridicules qu'ils ne sont efficaces.

Entraînez-vous

Variantes de phrases (exercice individuel ou collectif)

Quel est l'objectif : acquérir la flexibilité syntaxique et stylistique.

Comment procéder : inventer une autre façon d'exprimer la phrase suivante : « Arrête de parler, tu me fatigues. »

Variantes :

- Coupe le son, je sature.
- Ta facilité d'élocution entrave mes possibilités de compréhension.
- Ferme les vannes, ça déborde.
- Tu veux un haut-parleur, je mettrai des boules Quiès.
- Crie plus fort, on entendra moins la radio.
- La fluidité verbale dont tu fais preuve excède les capacités de canalisation et de traitement de l'information dont je dispose.

Phrases à réécrire :

- Quand je ne vais pas bien, j'ai envie de manger.
- Il a une tête toute ronde, ça me fait rire.
- S'il pleut, on ne sortira pas.
- Il n'y a rien de plus spontané qu'une vieille habitude.
- En quoi cela vous concerne-t-il ?
- Son projet est dans les sables mouvants.
- Il semble préférable de jouir des circonstances présentes plutôt que de fonder des espoirs hasardeux sur un avenir hypothétique.
- …

Il existe beaucoup de variantes de cet exercice. Par exemple, raconter, sur le mode tragique ou héroïque, un événement banal ou raconter, de façon enthousiaste ou pas, un repas au restaurant universitaire, le passage d'un examen, l'absorption d'un médicament.

Les prédicats et les canaux de perception

Visuels, auditifs, kinesthésiques

Notre cerveau effectue un traitement des informations qu'il reçoit. Il y a eu, auparavant, une saisie des données qui s'est effectuée par l'intermédiaire de nos cinq sens. Chacun d'entre nous peut privilégier l'un de ces canaux de perception : se synchroniser, c'est aussi tenir compte du canal qu'il utilise afin d'emprunter le même. Si je demande à une personne « Qu'est-ce que le mot "peur" évoque pour vous ? »

Les *visuels* reverront, par exemple, une scène de *Dracula,* de *Midnight Express* ou de *La Tour infernale.* Ils auront devant les yeux un tableau de Jérôme Bosch ou s'imagineront dans le noir…

Les *auditifs* pourront entendre des cris stridents, des murmures sournois, le hurlement d'une sirène, des piaillements d'oiseaux rassemblés en grand nombre, des craquements sinistres, des bruits de pas non identifiés…

Les *kinesthésiques* (le mot désigne, en PNL, ce qui concerne les émotions et les sensations) pourront se sentir glisser dans les sables mouvants, tenaillés par l'angoisse, torturés dans leur chair, brûlés par les feux de l'enfer, exposés à des froids sibériens d'avant la pérestroïka.

Celui qui, pour penser, utilise plus volontiers des moyens *visuels* empruntera son vocabulaire à un lexique spécifique : image, couleur, mise au point ; voir, éclairer, regarder, clarifier, lumineux, sombre, brillant ; perspective : ce sont des prédicats visuels.

Pour *l'auditif* les prédicats sont le ton, le temps, le timbre, le volume ; entendre, parler, écouter ; harmonieux, discordant, mélodieux ; accord, désaccord…

Pour le *kinesthésique,* la température, la pression, le poids, la texture, la forme ; sentir, toucher ; solide, mou, ferme, chaleureux, froid, sensible, insensible…

De quel usage peut nous être cette observation ?

Éviter, par exemple, de dire à quelqu'un qui se plaint : « Je me *sens* mou, mou, mou… » : « Je *vois* ce que vous voulez dire », nous risquerions fort de ne pas être sur la même longueur d'onde que lui. « Est-ce clair ? » ; « Est-ce que ça vous parle ? » ; « Avez-vous saisi ? »

Entraînez-vous

Entraînement 1

a) Établir une liste de mots visuels, auditifs et kinesthésiques (l'exercice peut se faire individuellement ou pas).

b) Constituer des groupes de trois personnes : A, B et C.

A raconte une scène imaginaire, ou pas, en privilégiant les aspects visuels : une escalade, une course. B l'aide, par ses questions, à préciser les termes non spécifiques.

Exemple : « Je savais (terme non spécifique V ? A ? K ?) que j'allais réussir » → question : « Qu'est-ce qui te permettait d'en être sûr ? »

c) On pourra changer les rôles. B s'exprime en auditif et C l'observe. C s'exprime en kinesthésique et A l'observe.

d) Pendant la durée de l'histoire (une dizaine de minutes), la troisième personne observe le degré d'exigence de l'interviewer sur la spécification des termes et repère les effets produits.

Entraînement 2

a) A, B et C cherchent une scène qu'ils ont vécue en commun (le cours qui a précédé, l'arrivée dans la salle, un repas).

A raconte ce qu'il a vu avec l'aide des questions de B.

B raconte ce qu'il a entendu avec l'aide des questions de C.

C raconte ce qu'il a ressenti avec l'aide des questions de A.

On pourra compléter l'exercice en réfléchissant, par groupe de trois, aux aspects gustatifs et olfactifs éventuels, ainsi qu'aux dialogues intérieurs (Qu'est-ce que je me suis dit à cette occasion ?)

Entraînement 3

Voici un fragment d'interview de Pierre Desgraupes par Anne Sinclair (émission du 21/5/1987). Faites toutes remarques que vous jugerez utiles à propos des prédicats utilisés par chacun. (Le prédicat est un terme qui se réfère au visuel, à l'auditif ou au kinesthésique.)

P.D. — Je ne comprends pas ce que vous voulez dire.

A.S. — Je ne dois pas être très claire.

P.D. — Quelle est la question que vous me posez ?

A.S. — Le Premier ministre a indiqué qu'il ne voulait pas que le gouvernement soit obligé de faire une mise au point à chaque fois.

P.D. — Je ne crois pas que le gouvernement ait renoncé à faire que l'on parle de lui favorablement à la télévision. Il y a une pression du pouvoir, c'est un fait physique.

…

On va en avoir jusque-là de ces émissions américaines.

…

Je l'ai dit parce que je le ressens.

Entraînement 4

Canaux et prédicats. États associés et dissociés.

Racontez un tour de manège dans les montagnes russes, la grande roue ou toute autre attraction qui peut susciter des sensations fortes.

a) Comme si vous y étiez, en la revivant et en utilisant des termes kinesthésiques : « On redescend et je sens mon cœur se soulever… »

b) Vous êtes spectateur, vous vous regardez dans le manège et vous êtes surtout attentif aux bruits, aux cris…

c) Vous vous regardez en train de regarder cette scène, vous regardez le spectateur que vous êtes et vous branchez le canal visuel.

Pourquoi observer les mouvements d'yeux ?

Les mouvements oculaires montrent comment sont traitées les informations

Il existe un autre moyen de repérer le système sensoriel dans lequel travaille notre interlocuteur, ou de confirmer la prédominance de l'un des canaux : visuel, auditif, kinesthésique, olfactif/gustatif (VAKO). C'est de s'attacher aux mouvements oculaires qui indiquent ce que le locuteur est en train d'effectuer comme traitement des informations.

L'objectif de cette observation est d'augmenter nos chances d'établir un bon contact. Par exemple, lors d'une discussion ou d'une négociation, au *visuel*, il faudra *montrer* que nous avons un bon produit ; à la personne *auditive*, il faudra le faire *entendre* ; au *kinesthésique*, il faudra le faire *sentir*.

Le modèle présenté ci-joint semble se vérifier statistiquement dans une large mesure : généralement, un visuel va chercher ses informations en regardant vers le haut ; vers la gauche s'il s'agit d'un souvenir (par exemple, « De quelle couleur est ton pull préféré ? ») ; vers la gauche, s'il s'agit d'une invention (par exemple, « Peux-tu imaginer une vache rouge ? »).

Cependant, si quelqu'un ne correspond pas au modèle, comme les gauchers chez qui, souvent, gauche et droite sont inversés à ce niveau, il nous reste l'information que la personne reproduira son comportement oculaire spécifique quand elle fera le même travail de réflexion.

Le visage représenté est celui de la personne que l'on observe. « Gauche et droite » s'entendent en fonction de ce que voit l'observateur.

PREMIÈRE LIGNE

Les yeux en haut à gauche indiquent du *visuel construit* ; exemple : « Imagine-toi en princesse. »

Les yeux en haut à droite indiquent du *visuel souvenir* ; exemple : « Rappelle-toi quand tu m'as vu pour la première fois. »

DEUXIÈME LIGNE

Les yeux au milieu à gauche : *auditif construit* (« Entends la voix de Prince imitant Mireille Mathieu »).

Les yeux au milieu qui semblent accommoder à l'infini : *visuel (construit ou souvenir)*.

Les yeux au milieu à droite : *auditif souvenir* (« Rappelle-toi ton air de musique favori »).

TROISIÈME LIGNE

Les yeux en bas à gauche : *kinesthésique* (« Imagine la sensation d'une main qui prend la tienne »).

Les yeux en bas à droite *auditif interne* (« Qu'est-ce que tu disais pendant que… »).

Entraînez-vous

Déterminez votre façon de saisir les informations. Êtes-vous visuel, auditif, kinesthésique ? Où vos yeux vont-ils chercher l'information ?

L'exercice se fait par groupes de deux. A pose à B les questions suivantes, dans le désordre ; B n'est pas obligé de répondre, mais il doit chercher les réponses ; A note, par exemple en dessinant une tête, les mouvements oculaires de B.

On pourra inverser les rôles éventuellement en inventant d'autres questions ou en n'utilisant que deux questions de chaque série pour chacun.

Visuel souvenir

1. Revois la dernière personne à qui tu aies parlé.

2. Rappelle-toi le dernier film que tu aies vu.

3. Quel est le premier objet que tu as vu ce matin?

4. Quelle est la couleur du drapeau russe?

Visuel construit

1. Imaginez un zèbre bleu, vert et jaune.

2. Imaginez une rose noire.

3. Imaginez une fête à Pompéi.

4. Imaginez votre maison dans dix ans.

Auditif souvenir

1. Le dernier air de musique que vous ayez entendu.

2. Réentendez la voix de votre chanteur favori.

3. Quelles sont les premières notes de la 9e symphonie de Beethoven?

4. Le bruit d'une craie sur le tableau.

Auditif construit

1. Quel type de rire a l'escargot qu'on chatouille?

2. Sur quel air pourrait-on chanter la phrase précédente?

3. Le bruit que fait un ange qui bat des ailes.

4. Le rythme d'un cœur saisi d'allégresse.

Dialogue interne

1. Qu'est-ce que tu te dis à propos du repas de midi?

2. Qu'est-ce que tu te dis quand tu penses à ton père?

3. Qu'est-ce que tu te dis quant au salaire des golfeurs?

4. Qu'est-ce que tu te dis quant aux mouvements oculaires?

Kinesthésique

1. Que ressens-tu en touchant ta main gauche avec l'index droit?

2. Comment te sens-tu quand il fait beau et que tu te promènes?

3. Imagine la sensation d'une boule de neige dans ton dos.

4. Quelle est l'odeur d'un steak à l'ail?

L'exercice a surtout pour but d'apprendre à observer, à tenir compte des observations qui nous sont données non verbalement et que, peut-être, nous percevions jusque-là intuitivement. Là encore, il s'agit de rationaliser l'intuition.

Quelques remarques

Il arrive que les yeux fassent un long parcours avant de se fixer. L'interlocuteur pourra expliquer ce qui s'est passé. Par exemple, il arrive fréquemment que l'on construise une image nouvelle à l'aide d'éléments que l'on va chercher dans le souvenir.

Une question, qui fait plutôt appel à du visuel, suscite parfois des réactions kinesthésiques. Exemple : « Comment était le visage de la première fille que tu as embrassée ? »

Certaines personnes utilisent tous les canaux, d'autres ont des habitudes. Utiliser tous les canaux de perception peut contribuer à donner sa pleine dimension émotionnelle, orchestrale et chatoyante à notre vision du monde.

Pourquoi et comment utiliser la synchronisation non verbale

La synchronisation ou le mimétisme sont le signe que le courant passe entre deux personnes. Renvoyer à quelqu'un, discrètement, en miroir, des éléments de son comportement, c'est une façon de lui dire : « Nous nous ressemblons d'une certaine façon. »

L'enfant, qui n'a pas l'usage de la parole et veut jouer avec un autre, commence à jouer à côté de lui. Il imite ses gestes et, par contamination progressive, les deux enfants finissent par jouer ensemble. Le mimétisme est un facteur essentiel d'apprentissage.

Quels sont les types de synchronisation ?

La synchronisation posturale : c'est une manière d'effectuer une transaction non verbale avec l'enfant (en termes d'analyse transactionnelle) et de s'adresser au cerveau droit (celui qui perçoit de façon globale et intuitive). Cette synchronisation créera un effet inverse si elle est transformée en singerie caricaturale.

La synchronisation sur le *ton* ou sur le *rythme* : un mari qui répond de façon extrêmement posée, avec un calme olympien, à son épouse qui est très en colère, ne fera que l'énerver plus encore puisqu'il dit en quelque sorte, non verbalement : « Je suis différent de toi, je suis loin, invulnérable, je ne suis pas entamé par tes attaques. »

La synchronisation sur les *mouvements* : il pourra être habile de reproduire le mouvement en utilisant un geste différent ; un battement de pied remplacera, au même rythme, un mouvement des doigts. La puissance de cette manière de faire se vérifie quotidiennement. Les gens qui sont ensemble à une terrasse ont les mêmes postures. Les élèves miment l'attitude de l'enseignant : dépense-t-il de l'énergie pour leur parler ? Est-il mobilisé ? A-t-il des gestes automatiques et mal réveillés ? Le professeur est énervé, les élèves le sont aussi par synchronisation et l'ensemble du groupe, par escalade progressive, finit par réinventer le hard-rock.

La synchronisation sur la *respiration* : probablement l'une des plus efficaces, surtout si, après s'être synchronisé sur une respiration un peu retenue, étriquée, on peut se mettre, dans une deuxième étape, à donner à cette respiration un peu plus d'ampleur pour conduire l'interlocuteur vers une aisance plus grande.

Bien entendu, ces synchronisations sont à éviter si elles sont inconfortables.

Doit-on penser à tout cela dans un entretien ?

Certainement pas. La synchronisation est un outil, une clé et ce n'est pas parce que l'on a une clé qu'il faut systématiquement l'utiliser, surtout si la porte est ouverte.

Autrement dit, si l'accord se fait, si l'entente est cordiale, si le comportement le plus « naturel et spontané » (c'est-à-dire notre façon habituelle de procéder) suffit, la PNL n'est pas nécessaire.

Il reste néanmoins tout à fait appréciable de disposer de cette clé lorsque l'ouverture est difficile à obtenir, lorsque l'entretien achoppe, lorsque la négociation piétine et que l'on souhaite la faciliter.

Comment s'y repérer grâce au calibrage ou calibration ?

La pratique du synchronisme non verbal implique que l'on ait acquis une compétence suffisante dans l'observation pour que le langage non verbal de l'autre soit perçu efficacement.

Le calibrage :

- c'est le repérage des indicateurs comportementaux et physiologiques que notre interlocuteur associe à un état interne : posture, gestes, voix, mouvements des yeux, mouvements des muscles du visage ou même changement de couleur de la peau ;
- c'est le repérage de la différence qui fait la différence ; le cliché de la personne une fois mis en mémoire, il deviendra possible de savoir si la personne est hostile, si elle est hésitante, si elle est prête à dire « oui », s'il convient de continuer d'argumenter, de faire signer le contrat ou de se recentrer sur le rétablissement d'une relation de qualité.

L'important est de ne pas méconnaître le *feed-back* qui nous est fourni par notre interlocuteur. Il faut accepter d'en tenir compte, d'effacer momentanément ses exigences propres pour se transformer, dans un premier temps, en structure d'accueil.

Entraînez-vous

Entraînement 1

Observation

a) On demande à un volontaire de penser à quelqu'un qu'il apprécie beaucoup (il n'est pas du tout utile que le groupe en sache plus sur son identité) et de se concentrer sur cette pensée.

Le groupe observe le volontaire et « calibre », enregistre ce qu'il pense être significatif non verbalement.

b) Après avoir ménagé quelques secondes de répit au volontaire, on lui demandera de se concentrer sur l'image de quelqu'un qu'il n'apprécie pas du tout. Le groupe observe les différences en silence.

c) On demandera, après quelques secondes de transition, au volontaire de penser à quelqu'un qui lui est à peu près indifférent. Le groupe observe.

d) Si le groupe n'est pas très sûr d'avoir bien repéré les différences, on demandera au volontaire de répéter l'opération.

e) Pour vérification, on donne à l'observateur la consigne de penser à l'une des trois personnes évoquées plus haut : appréciée, pas appréciée, indifférente, sans indiquer verbalement au groupe celle qu'il a choisie.

f) Le groupe s'efforce de deviner quelle était la personne concernée. Si beaucoup de participants se sont trompés, on évitera d'en conclure démocratiquement que le volontaire était mauvais et on remettra en question notre capacité d'observation pour l'améliorer.

Entraînement 2

Mimétisme gestuel

On en trouvera une description précise dans *56 Fiches d'animation créative*, Aznar, Botton, Mariot, Les Éditions d'Organisation.

Un participant se choisit un geste simple et répétitif qui ne soit pas significatif et l'effectue devant les autres.

Lorsqu'il en a mesuré la forme, l'amplitude et le rythme, il appelle un participant du regard (il est interdit de faire semblant de ne pas voir que l'on est appelé), et il le lui enseigne en le lui faisant exécuter exactement comme il le fait.

Quand il est satisfait de son élève, il l'abandonne et celui-ci peut alors, en douceur, sans rupture, transformer la forme, l'amplitude ou le rythme du geste pour en faire un mouvement bien à lui. Quand c'est fait, il peut appeler une troisième personne.

L'exercice n'est pas facile, il peut être impliquant.

Quelques questions à se poser :

Le cadre, lui aussi, est un objet observé. Me suis-je senti à l'aise ?

Parmi les trois phases, apprentissage du geste (mimétisme), appropriation du geste (transformation personnelle et assimilation) et transmission du geste (pédagogie), laquelle ai-je été tenté d'abréger ou de caricaturer ?

Entraînement 3

Exercice par groupes de trois.

A parle d'un sujet qui l'intéresse. B l'écoute et dialogue en se synchronisant verbalement. C est censé être l'observateur, il a reçu en plus et discrètement la consigne de se synchroniser non verbalement sur A.

Après environ cinq à dix minutes d'entretien, que s'est-il passé ? Vers qui se tournait A ? Par qui se sentait-il écouté ? Comment a-t-il perçu la situation ?

Comment formuler ses objectifs ?

Trois points essentiels de la programmation neurolinguistique sont :

- la prise de conscience sensorielle qui consiste à apprendre à voir, à sentir, à entendre, à savoir calibrer, à être sensible aux *feed-backs* verbaux et non verbaux fournis par l'interlocuteur ;

- la flexibilité comportementale dont la synchronisation et l'utilisation des métaphores constituent des manifestations concrètes ;

- le troisième point est la spécification des objectifs ; « Il n'est pas de vent favorable pour celui qui ne sait où il va », selon la formule de Sénèque.

Spécification des objectifs

Imaginons qu'un intervenant en communication soit amené à intervenir en entreprise et qu'on lui dise : « On vous a demandé de venir parce qu'il n'y a pas de communication dans ce groupe. » Commencer à travailler à partir d'un objectif formulé de cette façon, c'est risquer l'échec en fin d'intervention quel que soit l'intérêt des analyses et des méthodes pédagogiques employées.

En effet, que sait-on des résultats espérés ? À quels critères les personnes concernées se fient-elles pour estimer qu'il n'y a pas de communication ? Les récriminations sur ce thème ne sont-elles pas là pour cacher d'autres angoisses ? Incompétence technique à cause de l'évolution des matériels, menaces sur l'emploi, craintes d'une restructuration, rapports difficiles avec la hiérarchie ?

Quelles sont les informations qui devraient circuler ? Qui ne communique pas avec qui ? Toutes ces questions et quelques autres soulignent que l'objectif n'a pas été clairement défini, l'intervention a toutes les chances d'être interminable puisqu'il n'y a pas de critère précis de réussite.

Au commencement était le verbe, l'une des premières difficultés résidait ici dans l'emploi d'un nom : un mécanisme de ce qu'il est convenu d'appeler la langue de bois est la nominalisation. Transformer les verbes en nom, ce peut être transformer les processus en faits, leur ôtant ainsi leur flexibilité.

Si je dis : « Il y a des gens qui luttent en groupe pour leur pouvoir d'achat », la formule se décline et se conjugue – ils luttent plus ou moins, ils ont lutté… Si je parle de « lutte des classes », le phénomène devient un monument nettement moins maniable.

Ne pas avoir d'objectif, c'est comme faire une photo sans faire de mise au point, ce qui peut d'ailleurs donner des résultats tout à fait séduisants. Avoir une image claire de ce que l'on souhaite implique que l'objectif soit formulé de façon positive puisque, dans l'imaginaire, la négation ne figure pas : on ne peut pas penser à « une absence de chien ». Si l'on dit à quelqu'un : « Ne pense pas à un chien », il ne parviendra à respecter la consigne qu'à l'aide d'un artifice, en imaginant un chien avec une croix dessus ou un chien qui aurait laissé des traces résiduelles de son passage.

De la même façon, un vendeur qui dirait : « Achetez cette moquette, ça ne se décolle pas » introduirait dans la tête de son client l'idée de décollage. Alors que celui qui dirait : « Elle adhère bien » susciterait son adhésion en parlant d'adhérence.

Dans un séminaire de gestion du temps, une demande comme « Je ne veux plus arriver en retard le matin, je voudrais un truc qui m'empêche de me lever tard », mérite d'être reformulée positivement et précisée : « À quelle heure souhaites-tu être levé ? Cela concerne quels jours de la semaine ?... »

Connaître avec précision nos objectifs et ceux des partenaires éventuels permet d'éviter les phénomènes de manipulation ou d'automanipulation.

Savoir ce que l'on veut implique enfin que la personne qui formule un objectif ne le sabote pas elle-même, qu'elle fasse preuve de *congruence*, ce qui n'est pas le cas, par exemple, si je me dis à la fois : « Je veux faire un bon temps au semi-marathon que je cours demain, mais je vais quand même prendre un peu de sauternes avec mon foie gras. »

La congruence implique que non seulement la raison (adulte), mais aussi mon système de valeurs (parents) et encore mes désirs (enfant) soient en synergie.

Entraînez-vous

Entraînement 1

Passez au crible des questions suivantes l'un des objectifs ci-dessous qui vous concerne ou un objectif personnel à court ou moyen terme. Reformulez-le de façon concrète et positive.

Objectifs :

* Je voudrais réussir mon prochain devoir surveillé.
* J'aimerais bien ne plus être aussi timide.
* Il faudrait que je téléphone à Jacqueline.
* Je ne veux plus être seul.
* Je ne veux plus perdre de temps.
* J'aimerais bien ne plus être aussi fatigué le lundi.

Mise en questions :

* Quel est précisément l'objectif que je poursuis ?
* Puis-je voir, entendre, ressentir ce qui se passera lorsque je l'aurai atteint ?
* Est-il formulé de façon positive ? Le projet est-il réaliste, précis, mesurable ?
* Est-ce que sa réalisation dépend de moi ?
* Suis-je responsable de sa réalisation, d'autres sont-ils concernés ?
* Est-il conciliable avec les objectifs des autres ? Avec mes autres objectifs à plus longue échéance ?
* La réussite se mesurera à quels critères ? À quoi saurai-je que j'emprunte la bonne voie ?

Entraînement 2

Promenade en aveugle

Une variante de cet exercice est utilisée et décrite à d'autres fins dans *56 Fiches d'animation créative,* Éditions d'Organisations (voir bibliographie).

L'exercice se passe par groupes de trois. Deux participants ferment les yeux, ils seront les aveugles et, de surcroît, ils n'ont pas droit à la parole. Le troisième garde les yeux ouverts, il est le guide.

La consigne donnée au guide est la suivante : « Faites faire à vos aveugles le maximum d'expériences avec le maximum de sécurité. »

La durée du jeu peut être d'une heure ou moins. Il est beaucoup plus impliquant et, à certains égards, plus riche quand il peut se faire à l'extérieur, en ville...

L'analyse de ce qui se passe peut porter sur des points très nombreux :

- Guide : directif, non directif, protecteur, espiègle ?
- Aveugles : confiants, insouciants, crispés, inhibés, autonomes ?

En ce qui concerne la programmation neurolinguistique et la question des objectifs, le commentaire pourra s'orienter plus précisément vers les états intérieurs (Qu'est-ce que j'ai ressenti ?), les processus internes (Qu'est-ce que j'entendais, qu'est-ce que je me disais ?) et le comportement extérieur (Comment ce que je vivais s'est-il ressenti dans mon comportement ?) dans cette situation très spécifique de dépendance et de travail à l'aveuglette.

Par exemple, il peut arriver que, lors de la division du groupe en sous-groupes de trois, j'attende sans me décider et qu'au lieu de choisir mon guide, je sois choisi par l'un d'entre eux qui me dit : « Viens ici, il m'en manque un. » Je ne suis pas très content et je n'ai pas trop confiance. Pour qu'il prenne conscience de ses responsabilités, j'exagère ma gaucherie, je pourrais aller jusqu'à mettre les mains dans les poches... Les attitudes que j'aurai manifestées constituent un programme, un modèle à vérifier : quand je suis en situation de dépendance, que je ne maîtrise pas mes objectifs, j'exhibe ma vulnérabilité pour créer une symbiose et me faire prendre en charge par celui que je perçois comme responsable.

Comment arriver à la précision du langage ?

Repérer les imprécisions pour poser les bonnes questions

Avant même de s'intéresser au non-verbal, Grinder, linguiste de formation, et Bandler s'étaient avisés que l'un des critères de l'excellence en communication est l'art de poser une bonne question.

Avant que notre interlocuteur ne formule, devant nous, un propos particulier, il s'est en effet déroulé plusieurs étapes au cours desquelles se sont perdues les informations que nous aurions souhaitées et sur lesquelles il convient que nous l'interrogions.

Il y a eu d'abord ce que notre interlocuteur a vécu ; il n'a peut-être pas utilisé tous ses canaux de perception. On trouve ensuite un autre filtre qui concerne ce qu'il veut en dire, un autre pour ce qu'il peut dire, puis pour ce qu'il sait dire.

De façon volontaire ou pas, l'émetteur introduit donc dans son discours des omissions, des généralisations et des distorsions. Il est donc utile de repérer ces imprécisions afin que poser la question devienne un réflexe.

Repérer les informations vagues ou manquantes

« Elle me manque. » La personne qui vient de parler ainsi de son épouse éloignée pour trois mois n'a pas dit ce qui lui manquait : sa présence, quelqu'un pour repasser ses chemises, un sourire matinal, des strokes, des croissants, des coups. On lui demandera donc, si c'est utile « Qu'est-ce qui te manque ? »

Repérer les comparaisons incomplètes

« Les petits blonds sont plus beaux. » Jugera-t-on indispensable de réclamer la suite : « Plus beaux que qui ? »

Repérer la nominalisation

Ce procédé, qui conduit à figer ce qui est en mouvement, a été évoqué comme piège dans la formulation d'un objectif.

« Vous ne travaillez qu'avec des gens que vous aimez ? dit l'interviewer. — N'exagérons pas, il ne s'agit pas d'amour », répond le directeur des ressources humaines.

Le verbe « aimer » est polysémique, il peut se conjuguer, ses modes et ses temps sont variables, son intensité aussi ; en le chosifiant, l'interviewé fait un effet de caricature et détourne légitimement ou pas la conversation. « De quoi s'agit-il exactement ? »

Repérer les pseudoliens cause-effet

« Je suis trop âgé pour trouver du travail, on m'a mis ici pour que je sorte des statistiques », dit le cadre demandeur d'emploi de longue durée.

Avant qu'il ne se sente motivé pour le stage auquel on le convie, il sera sans doute prudent de détruire le lien logique facteur de démobilisation.

Est-ce qu'il n'y a pas de gens « âgés » dans votre métier ? Connaissez-vous des gens de votre âge qui ont retrouvé du travail ?

Repérer comment s'effectue la lecture de pensée

« Je suis sûr qu'elle me déteste. »

La question « Qu'est-ce qui te fait dire ça ? », ou « Comment le sais-tu ? », permettra de retrouver le lien logique implicite : « Parce qu'elle ne me sourit jamais. » Et, éventuellement, de le contester : « Tous les gens qui ne te sourient jamais te détestent ? »

Repérer l'étiquetage

« Il est génial ! » pourra entraîner la question : « Qu'est-ce qui te fait dire ça ? » si la situation exige que l'on connaisse les critères.

Repérer les équivalences complexes

Elles donnent une information sur les illusions, les préjugés, la carte mentale de leur auteur.

« Chantal a accepté mon invitation à dîner, donc elle m'aime » est une déduction risquée. « Y a-t-il des gens qui aient accepté déjà une de tes invitations pour d'autres raisons ? » « Tous les gens qui acceptent tes invitations t'aiment ? »

Repérer les généralisations abusives

On retrouve là les adverbes préférés du Parent Normatif.

« Il ne veut jamais sortir, il est toujours devant sa télévision. »

Il convient de reprendre le terme excessif sur le mode interrogatif : « Jamais ? » « Toujours ? »

Repérer les règles et jugements de valeur

« On ne doit pas procéder comme ça. »

« Qu'est-ce qui nous en empêche ? » « Qu'est-ce qui se passerait si on le faisait ? »

Entraînez-vous

Entraînement 1

Avoir fait l'inventaire de ces dysfonctionnements ne suffit pas, il s'agit de savoir les repérer et d'acquérir le réflexe de la question adaptée, si la relation l'exige. Pour ce faire, on pourra en relever dans les journaux.

Un titre, par exemple : « Assassin pour cent francs », introduit un lien logique d'autant plus bizarre que l'on semble suggérer qu'à ce tarif-là, ça ne valait pas la peine, alors que peut-être pour un peu plus cher... L'assassin n'a trouvé que cent francs, ce n'était probablement pas son but.

Entraînement 2

Quel est l'objectif ?

Rappeler la nécessité de la précision et les différences de cartes mentales.

On demandera aux membres d'un groupe d'indiquer, individuellement et en silence, quel chiffre évoque pour eux les termes soulignés suivants. Il suffit ensuite de comparer.

J'habite loin (quelle distance ?)

Je gagne beaucoup.

Cette maison est chère.

Je vais souvent au théâtre (fréquence ?)

Je ne vais jamais au cirque (fréquence ?)

Entraînement 3

Quel est l'objectif ?

S'habituer à repérer les pièges du langage et à y réagir.

A et B construisent, chacun de leur côté, un texte sur un sujet au choix ; un sujet abstrait pouvant être particulièrement adapté : ce que je pense de l'intégration, de l'écologie, de l'égalité ; un sujet plus directement personnel pouvant donner lieu à des réflexions individuellement utilisables : mon système de valeurs, les messages intérieurs qui guident mon action...

A et B introduiront volontairement des pièges du langage dans leurs propos qui s'ajouteront peut-être à ceux qui s'y seraient glissés subrepticement.

A dit son texte, rien ne lui interdisant d'improviser à partir d'un canevas d'idées et de phrases piégées préalablement établi, et B pose toute question de précision qu'il juge utile.

On fait ensuite le bilan des oublis et l'on inverse les rôles.

Que désigne le mot « ancrage » ?

Ce mot désigne le phénomène très répandu d'association entre un souvenir heureux ou malheureux et un élément qui suffit à nous le rappeler.

Qu'est-ce qu'une ancre ?

Telle ancre visuelle (un froncement de sourcil), auditive (un raclement de gorge) ou kinesthésique (un contact physique) pourra rappeler un mauvais moment, susciter un état de limitation vécu comme douloureux et limitant l'éventail des choix de comportement, ou bien il rappellera un bon moment et suscitera un état ressource dans lequel il sera souhaitable que je me place dans tel contexte donné.

La phobie constitue un exemple de ce conditionnement dont la particularité est qu'il a pu être réalisé en une seule fois. Beaucoup de dysfonctionnements psychologiques peuvent s'analyser en prenant la phobie comme modèle (la timidité comme phobie de la prise de parole en public). Souffrir d'une phobie, c'est avoir pris, inconsciemment, une décision dans une situation stressante (Je ne peux pas voir une souris ou une araignée, je ne peux pas monter en avion). Tel objet est associé à un état intérieur désagréable.

Les ancrages positifs sont tout aussi fréquents et variés : les photos sont faites pour cela ; certaines musiques peuvent nous amener à des conduites qui sont tout autant des réactions à des événements passés qu'à la situation présente, et créer par là des états de conscience altérés, hypnotiques ; les aliments au goût sucré peuvent être des ancrages venus de loin.

Si un stimulus peut nous mettre dans un état donné, pourquoi ne pas utiliser cette caractéristique pour en faire une technique ?

Un étudiant perpignanais, à l'accent très marqué et que le sort et sa réussite aux concours avaient conduit dans une école de commerce du Nord, devait, dans le cadre d'un stage sur le terrain, vendre *La Voix du Nord*. Il s'est vite aperçu que son accent, associé au motif de sa visite chez le client, créait des effets de fantastique, des superpositions d'images (les palmiers, le soleil, la mer et les vacances) sur un concept (le journal local) qui s'en trouvait contaminé. Cet ancrage naturel lui ouvrait les portes et, afin qu'elles ne se refermassent pas, il en rajoutait un peu, il renforçait l'ancrage : « J'ai toujours voulu vendre des produits frais, alors je vends des nouvelles. »

Associer artificiellement un stimulus à un comportement donné n'est pas nouveau. Pavlov faisait saliver son chien en lui donnant du sucre et en faisant sonner une cloche. Ensuite, le son seul suffisait à produire cet effet. Ce que la programmation neurolinguistique propose, c'est de faire consciemment ce qui se faisait naturellement ou à titre expérimental.

Lorsque je suis psychologiquement dans un état qui ne me convient pas (appréhension, sentiment d'infériorité, tristesse), il conviendrait que je puisse convier à mon secours une ressource, que je puisse me trouver dans l'état où je pourrais gérer la situation de la façon la plus excellente et qu'une ancre, immédiatement disponible, facilite cette mobilisation.

Exemple

Une formatrice avait le problème suivant : à chaque entretien annuel d'évaluation et de bilan d'activités qu'elle passait avec son patron, elle sentait, à un moment ou à un autre, les larmes lui monter aux yeux. Elle sortait pour pleurer et revenait, les yeux rougis, achever tant bien que mal la conversation.

— Je voudrais ne plus pleurer dans ces entretiens.

— Qu'est-ce qu'il te faudrait pour ça ?

—Il faudrait que j'aie confiance en moi.

L'état ressource dont elle a besoin est ici « la confiance » ; dans d'autres cas, il peut s'agir de la créativité, du dynamisme, de la colère. Il peut être important de vérifier que ce que le demandeur souhaite ne risque pas de lui porter préjudice : si quelqu'un réussit de bonnes performances, après s'être mis dans des états de stress, de trac, il n'est pas forcément habile de lui faciliter, pour ces circonstances-là, l'accès à un sentiment de détente qui risquerait de l'endormir et de lui faire rater le départ.

— Quand as-tu déjà eu ce sentiment de confiance en toi ?

Un postulat de la programmation neurolinguistique est que nous disposons, dans notre histoire, des ressources qui nous sont nécessaires pour gérer les situations auxquelles nous sommes confrontés. En l'occurrence, la réponse semble un démenti de ce postulat :

— Jamais, je n'ai jamais eu confiance en moi, je n'ai jamais été sûre de moi.

L'affirmation est péremptoire, un peu théâtrale. On y aura repéré le piège du langage étiqueté sous la rubrique « Généralisation abusive » : « jamais ».

On pourrait conclure que la cliente a une « résistance » et qu'elle n'est pas prête à changer. On pourrait aussi dénoncer cette résistance et s'y heurter.

La programmation neurolinguistique préférera réintroduire de la flexibilité et considérer qu'il n'y a pas lieu de baptiser le problème « résistance » (piège de la nominalisation) mais de le résoudre, et l'on utilisera donc le fait que la personne « résiste » comme un point d'appui.

— Il n'y a vraiment jamais eu aucune circonstance de ta vie où tu aies été sûre de toi ?

— Non !

— Jamais ? Et, est-ce qu'au moment où tu me dis « jamais », tu es sûre de toi ?

Après un temps de silence :

— Oui, bien sûr, il y a des moments où l'on est sûr de soi, mais ça n'a pas de rapport avec l'entretien d'évaluation.

Il ne semble pas utile de poser des questions sur les éléments approximatifs ou contestables, puisque la démarche souhaitée est entamée.

— Peux-tu te rappeler une scène où tu t'es sentie sûre de toi ?

— Par exemple, quand j'aide mes enfants à faire leurs devoirs.

— Peux-tu revivre cette scène ?

La personne peut être aidée par des questions sur l'environnement visuel, auditif, kinesthésique, olfactif/gustatif à se réapproprier la scène de confiance qu'elle a vécue (voir l'exercice : enrichir la représentation d'une situation).

— Est-ce que tu peux ressentir à nouveau ce que tu ressentais au moment où tu donnais tes explications ?

Au moment où la scène sera sur le point d'atteindre son maximum d'intensité, ce qui se repérera aux mouvements des lèvres, à la tension musculaire, à la respiration, grâce à la calibration, on effectuera l'ancrage.

— Tout en ressentant cette impression de confiance en toi, serre le poing gauche, d'autant plus fort que tu la revis intensément.

Tout autre geste discret, toute forme d'ancre aurait pu être utilisée ici à la seule condition que l'ancre soit mobilisable dans l'entretien d'évaluation.

L'ancrage doit être suffisamment solide pour que la scène de confiance puisse être revécue à chaque serrement de poing.

On pourra procéder, à ce moment, au mixage des ancres et constater les résultats, en projetant dans le futur.

— Imagine-toi à ton prochain entretien d'évaluation.

Le visage change, la posture aussi. On en prendra quelques clichés mentalement pour calibrer : l'expression « entretien d'évaluation » constitue un ancrage négatif.

— Maintenant, serre le poing gauche et apprécie le changement.

Cette consigne n'est pas neutre puisqu'elle suppose qu'il y aura un changement alors que ce n'est pas sûr. Elle l'induit en partie.

— Oui, c'est bizarre, ça change, ça fait comme deux diapositives qui se superposent.

La phrase s'accompagne d'une mimique que la calibration nous aura permis de reconnaître comme celle de la confiance en soi.

Il n'est pas indispensable de savoir ce qui s'est passé, le contenu importe moins que le processus. Cependant, pour le plaisir :

« J'ai vu que, finalement, un entretien d'évaluation, c'est comme quand j'explique quelque chose à mes enfants, il faut que je leur apporte des informations, comme ça ils comprennent. »

Il est possible que la formatrice ait serré le poing lors de l'entretien qui a suivi, et qu'elle n'ait pas pleuré et ne soit pas sortie.

Entraînez-vous

Entraînement 1

Enrichir la représentation d'une situation

A se remémore une situation dans laquelle il a disposé d'un état de ressource intéressant pour lui.

B lui pose des questions pour l'aider à revivre la scène avec précision et intensité.

Par exemple : « Peux-tu te rappeler les couleurs ? » Sur les thèmes suivants successivement :

Visuel	Auditif	Kinesthésique
couleurs	ton (aigu, grave)	température
dimensions	tempo (rapide, lent)	pression
brillance	volume (faible, fort)	texture
netteté (flou)	mots	forme
localisation	localisation	mouvement
mouvements	résonance	…
spectateur puis acteur de la scène		
…		

B pourra faire varier les sous-modalités :

Exemple : « Qu'est-ce qui se passe si j'ajoute de la lumière, si je rapetisse les personnages ? »

et calibrer les réponses non verbales de son partenaire.

L'objectif est de se réapproprier une scène de ressource. On pourra ensuite l'ancrer et/ou modéliser les effets produits par les variations des sous-modalités.

Entraînement 2

Exercice individuel : ancrage d'un état positif.

a) Trouvez dans quel contexte vous souhaitez disposer d'un nouveau comportement.

b) Sélectionnez la ressource dont vous avez besoin.

c) Cherchez dans votre mémoire une situation où vous expérimentiez cet état.

d) Revivez la scène comme si vous y étiez et ancrez-la.

e) Répétez l'expérience pour assurer le lien entre l'exécution du geste et l'apparition de l'état ressource.

f) Projetez-vous mentalement dans les situations à venir, dans lesquelles vous voulez disposer de cette ressource.

Entraînement 3

* Repérez quelques-unes de vos ancres positives : visuelles, auditives, kinesthésiques, olfactives.

Exemple : « Il suffit que j'entre dans l'amphithéâtre pour être au bord de l'extase. »

* Repérez quelques-unes de vos ancres négatives.

* Nous constituons nous-mêmes une ancre visuelle, auditive ou kinesthésique pour les autres : vêtements, gestes, postures, mimiques, intonations. Cette ancre est-elle positive ou négative ?

* Nos salutations à un ami sont-elles inéluctablement suivies de considérations sur les difficultés de la vie et la tristesse des temps qui courent ou notre apparition est-elle plutôt associée à des idées de joie, de sorties, de fête ?

* Ai-je ancré sur mon visage la gueule du loser, la bouille de farceur, une tête à géométrie variable ?

* Ouvrir la porte de chez moi est-il associé avec des idées d'activités, de repos, de solitude, de partage ?

Nos superstitions sont des cas d'ancrage :

* Je gagne quand je mets ces chaussures-là.

* Il faut que je fasse le signe de croix en entrant sur le terrain.

* Quelles sont nos superstitions ? Sont-elles gênantes ou pas ?

Elles peuvent être coûteuses en temps et en énergie comme pour ce voyageur d'une histoire emblématique qui, dans le train Paris-

Nice, passait son temps à jeter de la poudre par la fenêtre. Son voisin, intrigué, lui demande : « Qu'est-ce que vous faites ? — Je jette de la poudre antiéléphants. — Mais il n'y a pas d'éléphants ! — Elle est efficace, hein ? »

Comment être « associé » ou « dissocié »

Il arrive qu'une personne qui baisse la tête et les yeux à gauche ou à droite paraisse ressasser des idées noires et patauger dans un certain nombre de sensations vécues plus ou moins intensément. Ce vécu ne semble pas lui donner le moral : la personne semble écouter un dialogue intérieur ou avoir branché le canal kinesthésique. Il suffit quelquefois de lui dire : « Regarde » et de brancher la personne sur du visuel pour que son état intérieur se modifie.

Ce que nous faisons parfois spontanément en pensant à autre chose, ou en pensant à la même chose autrement et qui constitue une stratégie intuitive de distanciation à l'égard d'une situation désagréable, a été également modélisé par la programmation neurolinguistique.

Être « associé »

Être « associé » signifie revoir la situation du point de vue où l'on était quand on l'a vécue. On s'imagine dans son corps. On revit la situation, au moins en partie, et, en particulier, les sensations et les émotions de ce moment-là. On sent à nouveau le cœur battre plus vite lorsque la grande roue se met à tourner ou lorsque le sujet d'examen va nous être distribué.

Être « dissocié »

Être « dissocié », c'est être en dehors, se revoir sur un écran, en spectateur du film qui s'est passé. Ce qui se passe sur l'écran est indépendant de ce que l'on ressent maintenant.

Savoir se dissocier, c'est pouvoir éviter un enchaînement infernal du type : « Rien qu'à m'imaginer dans cette situation, j'en ai la chair de poule » où la personne qui craint une situation donnée (parler en public, par exemple) se voit déjà en train de le faire, ce qui engendre un malaise selon le circuit visuel -> kinesthésique qui caractérise entre autres la phobie.

L'intervention conduira la personne hors de l'expérience avant de lui permettre de la vivre de meilleure façon.

Entraînez-vous

Cette méthode et cet exercice s'appliquent et se font à deux.

1. Identifier la difficulté à traiter et ce qui la déclenche : quel est l'élément visuel, auditif qui détermine la réaction ? Retrouver une scène précise. Le partenaire calibre.

2. Déterminer un état ressource. Le partenaire renforcera le rapport et suggérera un état interne de confiance et de sécurité, il ancrera la ressource.

3. Revoir la situation à traiter et, plus précisément, l'une des premières fois où le problème s'est posé, en position dissociée, donc sans revivre le problème et tout en restant dans l'état ressource. Le partenaire maintient l'ancre : « Imaginez-vous, là-bas, sur un écran. » La réaction kinesthésique doit rester décrochée (calibrer). Dans le cas inverse, le partenaire prendra le temps de réinstaller l'état ressource.

4. Peut-être cette phrase suffira-t-elle à séparer la scène de son vécu négatif. Il est possible de déterminer une deuxième dissociation en suggérant à la personne de se regarder en train de voir la scène et d'apprendre, ce faisant, quelque chose de nouveau. On calibrera pour vérifier que ce « quelque chose de nouveau » a été acquis.

5. Suivant les cas, on procédera à un mixage des ancrages, puis on vérifiera que le sentiment déplaisant n'est plus éprouvé. Sinon, on reprendra le processus.

6. Le dernier temps de la démarche consiste à projeter cette même scène dans le futur.

À quoi sert la PNL ?

À quoi peut servir la programmation neurolinguistique dans les situations professionnelles : réunions, entretiens, vente, négociations et dans les circonstances de la vie personnelle ?

À rien, si tout se passe bien dans toutes les situations de communication dans lesquelles nous sommes impliqués. Rien ne sert de s'obliger à marcher avec des béquilles quand les jambes fonctionnent bien. Comme l'analyse transactionnelle, la programmation neurolinguistique est un outil et ce n'est pas parce qu'on le possède qu'il est obligatoire de s'en servir.

À faciliter nos rapports à nous-mêmes et aux autres en acquérant la possibilité de nous brancher sur la même longueur d'onde (sur les mêmes canaux) que nos interlocuteurs, à établir des contacts solides, à être plus observateur qu'avant, à être sensible au *feedback* non verbal, à être précis dans la formulation de nos objectifs, à être plus conscients de nos ressources, à comprendre le modèle du monde de nos interlocuteurs et le nôtre, à savoir que les stratégies, programmes, processus et modèles comptent davantage que les contenus et qu'il y a des façons d'avoir raison qui nous donnent tort, à accroître notre flexibilité et notre résistance au stress.

CONCLUSION

Du cadre, et du jeune cadre en particulier, on n'attend plus dans l'entreprise qu'il commande et qu'il ordonne : la notion de chef a désormais moins de connotations militaires ou charismatiques. C'est maintenant un manager, un animateur qui, plus jeune souvent que les collaborateurs qu'il aura sous sa responsabilité, devra compter davantage sur ses aptitudes à motiver, à définir des objectifs et à donner l'élan que sur son autorité pour créer des synergies.

Il serait aléatoire que le jeune cadre s'engage dans la vie professionnelle bardé de diplômes et de certitudes, sûr de ses connaissances qu'il devra vite remettre à jour, et de son autorité qui sera souvent partagée : on fera moins appel à ses connaissances en techniques de management qu'à ses qualités de manager.

L'intérêt de se connaître comme outil et comme partenaire dans les échanges apparaît donc plus nettement que jamais, ainsi que la nécessité d'acquérir suffisamment de résistance au stress pour supporter les incertitudes et suffisamment de flexibilité pour que les heurts ne se transforment pas inéluctablement en conflits.

On peut mesurer l'intérêt d'une formation, un cours, un séminaire ou un livre à l'indice de satisfaction que l'on en tire. C'est un point important et il serait regrettable de terminer une activité d'apprentissage ou de travail sur soi avec la tête anxieuse du perdant qui hésite entre la pendaison et la noyade. Mais il importe aussi de tenir compte de l'indice de permanence des acquis.

L'analyse transactionnelle, Palo Alto et la programmation neuro-linguistique fournissent des moyens d'élucidation satisfaisants en eux-mêmes et peuvent constituer des objets de contemplation parce que ce sont de jolies constructions. Ils peuvent aussi servir d'instrument de travail si, après le temps de l'initiation et de l'imprégnation, on continue à se demander en quoi, professionnellement et humainement, ils peuvent nous aider à être nous-mêmes au mieux.

Bibliographie

Analyse transactionnelle

Berne Eric, *Analyse transactionnelle et psychothérapie*, Paris, Payot, 1977. *Des Jeux et des Hommes – Psychologie des relations humaines*, Paris, Stock 1966. *Que dites-vous après avoir dit bonjour ?* Paris, Tchou, Laffont, 1977.

Cardon Alain, Lenhart Vincent, Nicolas Pierre, *L'Analyse transactionnelle : un instrument de communication et d'évolution au service des personnes et des organisations*, Paris, Éditions d'Organisation, 1979.

Cardon Alain, *Jeux pédagogiques et Analyse transactionnelle*, Paris, Éditions d'Organisation, 1981.

Cardon Alain, Mermet Laurent, *Vocabulaire de l'analyse transactionnelle*, Paris, Éditions d'Organisation, 1982.

Cegos-Ippsos, *Analyse transactionnelle et relations de travail*, ESF éditeur, 1979.

Chalvin Dominique, *Les nouveaux outils de l'analyse transactionnelle*, Paris, Les Éditions ESF, 1986.

Jaoui Gysa, *Le Triple Moi*, Paris, Robert Laffont, Collection « Réponses » 1979.

Jaoui Gysa, Gourdin Marie-Claude, *Transactions*, Paris InterÉditions, 1982.

JAMES Muriel, JONGEWARD Dorothy, *Naître gagnant. L'analyse transactionnelle dans la vie quotidienne,* Paris, InterÉditions, 1978.

Revue trismestrielle : *Actualités en analyse transactionnelle,* 153, avenue Gribaumont, 1200 Bruxelles.

STEINER Claude, *Des scénarios et des hommes,* Paris, Epi 1984. *À quoi jouent les alcooliques,* Paris, Epi, 1981.

Palo Alto

BATESON, BIRDWHISTELL, GOFFMAN, HALL, JACKSON, SCHEFLEN, SIGMAN, WATZLAWICK, *La Nouvelle Communication,* textes recueillis et présentés par Yves Winkin, Paris, Seuil, 1981.

BATESON Gregory, *Vers une écologie de l'esprit,* 2 tomes, Paris, Seuil 1977-1978.

CARDON Alain, *Le Manager et son Équipe,* Paris, Éditions d'Organisation, 1986.

Colloque de Cerisy sous la direction d'Yves WINKIN, *Bateson : premier état d'un héritage,* Paris, Seuil, 1988.

FISH R., WEAKLAND H.H., SEGAL L., *Tactiques du changement,* Paris, Seuil, 1986.

HALL T. Edward, *Le Langage silencieux,* Paris, Seuil, 1984. *La dimension cachée,* Paris, Seuil, 1978.

LAYOLE Gérard, *Dénouer les conflits professionnels,* Paris, Éditions d'Organisation, 1984.

MARC Edmond, PICARD Dominique, *L'École de Palo Alto,* Paris, Retz 1988.

WATZLAWICK P., HELMICK BEAVIN J., JACKSON Don D., *Une logique de la communication*, Paris, Seuil, 1972.

WATZLAWICK P., WEAKLAND J., FISH R., *Changements, paradoxes et psychothérapie*, Paris, Seuil, 1975.

WATZLAWICK P., *Le Langage du changement*, Paris, Seuil, 1980. *Faites vous-même votre malheur*, Paris, Seuil, 1984. *La Réalité de la réalité*, Paris, Seuil, 1978.

WATZLAWICK P. (dirigé par), *L'Invention de la réalité*, Paris, Seuil, 1988.

Programmation neurolinguistique

BANDLER Richard, GRINDER John, *Les Secrets de la communication*, Montréal, Le Jour Éditions, collection « Actualisation », 1982.

CAYROL Alain, DE SAINT-PAUL Josiane, *Derrière la magie, La programmation neuro-linguistique (PNL)*, Paris, InterÉditions, 1984.

CAYROL Alain, BARRÈRE Patrick, *La programmation neurolinguistique*, ESF éditeur, Paris, Entreprise Moderne d'Éditions, 1986.

CUDICIO Catherine, *Comprendre la programmation neurolinguistique*, Paris, Éditions d'Organisation, 1987. *Maîtriser l'art de la programmation neurolinguistique*, Paris, Éditions d'Organisation, 1987. *La Programmation neurolinguistique*, coll. « Mémentos-eo », Éditions d'Organisation, Paris 1988.

LABORDE Génie, *Influencer avec « intégrité », la PNL dans l'entreprise*, Paris, InterÉditions, 1987.

Divers

Aznar, Botton, Marion, *56 Fiches d'animation créative*, Fiches EOFP, Paris, Éditions d'Organisation, 1976.

Demory Bernard, *La Créativité en pratique et en action*, Paris, Chotard et Associés, 1978.

Fustier Michel, *Exercices pratiques de créativité*, Lyon, SME, 1975.

Jaoui Hubert, *Créaprat*, Paris, EPI 1979.

Mucchielli Roger, *L'Entretien de face à face dans la relation d'aide*, ESF éditeur, 8ᵉ édition, 1980.